总主编
李安

乡村法律明白人

乡村基层组织建设政策法律100问

法律出版社法律应用中心 / 编

法律出版社 LAW PRESS · CHINA
北京

图书在版编目(CIP)数据

乡村基层组织建设政策法律 100 问 / 法律出版社法律应用中心编. -- 北京 : 法律出版社, 2022

("乡村法律明白人"系列 / 李安总主编)

ISBN 978-7-5197-6632-0

Ⅰ. ①乡… Ⅱ. ①法… Ⅲ. ①农村-社会主义建设-法律-中国-问题解答 Ⅳ. ①D922.45

中国版本图书馆 CIP 数据核字(2022)第 059039 号

乡村基层组织建设政策法律 100 问 **XIANGCUN JICENG ZUZHI JIANSHE** **ZHENGCE FALÜ 100 WEN**	法律出版社 法律应用中心/编	策划编辑 冯雨春 朱海波 责任编辑 朱海波 李 军 装帧设计 汪奇峰

出版发行 法律出版社	**开本** A5
编辑统筹 法律应用出版分社	**印张** 8.75 **字数** 150 千
责任校对 邢艳萍	**版本** 2022 年 8 月第 1 版
责任印制 刘晓伟	**印次** 2022 年 8 月第 1 次印刷
经　　销 新华书店	**印刷** 天津嘉恒印务有限公司

地址:北京市丰台区莲花池西里 7 号(100073)

网址:www.lawpress.com.cn　　销售电话:010-83938349

投稿邮箱:info@lawpress.com.cn　　客服电话:010-83938350

举报盗版邮箱:jbwq@lawpress.com.cn　　咨询电话:010-63939796`

书号:ISBN 978-7-5197-6632-0　　**定价**:45.00 元

凡购买本社图书,如有印装错误,我社负责退换。电话:010-83938349

总序

习近平总书记指出："实施乡村振兴战略是关系全面建设社会主义现代化国家的全局性、历史性任务。"乡村振兴成为我国全面建设社会主义现代化强国进程中的重大任务，也是实现中华民族伟大复兴的一项重大战略。党的十九大报告同时指出要构建"自治、法治、德治相结合的乡村治理体系"。

我国面向乡村基层长期开展普法工作，至今已经步入第八个五年规划，经过不懈努力，乡村广大群体的法治意识在社会经济腾飞的同时也有了巨大的提升，但随着社会的不断发展，就大多数乡村公民而言，所具备的法治素养尚无法满足新时代的发展需求。乡村的主体是农民，乡村振兴的主要主体也是农民，实施乡村振兴战略关键是要调动广大乡村农民的主观能动性和创造性，引导乡村农民知法、守法、依法办事，这需要乡村农民群体具备必要的法律知识。

我国于2021年颁布《乡村振兴促进法》，为乡村振兴战略提供了实施的法律依据，推动出台满足乡村振兴战略发展需求的新政策和新法规，在此基础上我国乡村振兴法律体系得以初步构建并逐步完善。首先,乡村振兴的相关法律具有分散性。乡村振兴法律体系中的大部分具体法律知识散落于各部单行法律之中,并没有集中在一部统一的法律当中。其次,乡村振兴法律体系具有系统性。随着全面依法治国的逐步推进,我国法律体系日趋完善,乡村振兴法律体系日渐成型,呈现系统性特征,原因在于一个完善的乡村振兴法律体系是国家治理体系和治理能力现代化的重要标志,是一项系统工程,不仅包含现代化的法治理念,更是体现新时代特征的治理模式。另外,构建系统的乡村振兴法律体系能够满足不同阶段、不同形态的发展需求,为乡村振兴的未来发展提供充分的制度空间。最后,乡村振兴法律内容具有全面性。乡村振兴战略涵盖产业发展、人才支撑、文化繁荣、生态保护、组织建设以及城乡融合等多方面,因此单一法律显然无法面面俱到,只能在既有法律体系的基础上突出乡村发展的特色和原则。

乡村振兴法律规范的分散性影响了广大乡村基层群体便捷地获取日常所需的法律知识,尤其是乡村发展切身相关的法律知识。乡村农民往往只能在生产生活中通过普法活动、媒体宣传等有限渠道进行碎片化了解或学习,因而出版一套包含乡村振兴法律知识体系的通识性读本有充足的必要性。本系列丛书注重内容的实用性与法律的准确性,在内容上涵盖产业、土地、生态、生产资料、基层组织等方面,能够更好地帮助乡村基层群众在推进乡村振兴战略的过程中获取必要的体系性、通识性政策与法律知识,从而提升乡村农民的法治认知水平。希望本丛书有助于推进乡村治理的法治化、现代化,指导和帮助乡村农民提升法治素养,学会优先依靠法律开展生产、从事经营、保护自身合法权益；有助于促进法治在乡村振兴发展中发挥作用，从而适应当前的新形势和新发展；有助于推动乡村治理的依法建设，使法治为乡村振兴战略保驾护航，真正落实科学立法、严格执法、公正司法和全民守法的新时代法治基本要求，实现高质量发展，促进共同富裕。

李　安
杭州师范大学沈钧儒法学院教授、博士生导师
青少年法治教育中心主任
浙江省法治教育研究中心主任
中国行为法学会法律风险防范研究会副会长

目录

第一章　农村基层党组织建设

第二章　村委会组织与村民自治建设

第三章　其他组织建设

附 录

CHAPTER

1

第一章

农村基层党组织建设

第一节　党领导农村工作

01 党的农村工作必须遵循哪些原则？

疑惑

2019年，中共中央印发《中国共产党农村工作条例》，为坚持和加强党对农村工作的全面领导提供了基本遵循，是落实乡村振兴战略的重要内容。请问，该条例结合党管农村工作的长期实践经验，把握新时代农村工作规律，提出了哪些党的农村工作必须遵循的原则？

解析

《中国共产党农村工作条例》第4条对党的农村工作必须遵循的原则作出了6项规定，此条规定是党长期以来对农村工作经验的总结，对未来的农村工作有十分重要的指导意义。

1. 坚持党对农村工作的全面领导，确保党在农村工作中总揽全局、协调各方，保证农村改革发展沿着正确的方向前进；

2. 坚持以人民为中心，尊重农民主体地位和首创精神，切实保障农民物质利益和民主权利，把农民拥护不拥护、支持不支持作为制定党的农村政策的依据；

3. 坚持巩固和完善农村基本经营制度，夯实党的农村政策基石；

4. 坚持走中国特色社会主义乡村振兴道路，推进乡村产业振兴、人才振兴、文化振兴、生态振兴、组织振兴；

5. 坚持教育引导农民听党话、感党恩、跟党走，把农民群众紧紧团结在党的周围，筑牢党在农村的执政基础；

6. 坚持一切从实际出发，分类指导、循序渐进，不搞强迫命令、不刮风、不"一刀切"。

依据

《中国共产党农村工作条例》第4条

02 党领导农村工作的体制机制是什么？

疑惑

完善党领导农村工作的体制机制是强化各级党委对农村工作领导责任、把党管农村要求落到实处的根本举措。《中国共产党农村工作条例》对党领导农村工作体制机制作出了全面规定，具体为哪些呢？

解析

根据《中国共产党农村工作条例》第5条至第13条的规定，党领导农村工作体制机制具体为以下几点。

1. 明确了“中央统筹、省负总责、市县乡抓落实”的农村工作领导体制；构建了职责清晰、分工负责、合力推进的责任体系。

2. 明确了党中央和省、市、县级党委领导农村工作的主要任务。如党中央全面领导农村工作，决定农村工作的大政方针、重大战略、重大改革；定期研究农村工作，每年召开农村工作会议，制定出台中央指导农村工作的文件。

3. 明确了农村工作领导小组的设置和职责。如党中央设立中央农村工作领导小组，发挥农村工作牵头抓总、统筹协调等作用，对党中央负责，向党中央和总书记请示报告工作。

4. 明确了党委农村工作部门的职能。如履行决策参谋、统筹协调、政策指导、推动落实、督导检查等职能。

在此特别提出，就县级党委而言，其处于党的农村工作前沿阵地，重点是贯彻落实党中央以及上级党委的要求和决策部署，结合实际制定具体管用的举措。县委书记作为乡村振兴前线总指挥，应履行好自身职责。

依据

《中国共产党农村工作条例》第5～13条

03 如何加强农村基层党组织建设？

疑惑

习近平总书记强调，基础不牢，地动山摇。农村工作千头万绪，抓好农村基层组织建设是关键。请问，在加强农村基层党组织建设方面，《中国共产党农村工作条例》有何规定？

解析

《中国共产党农村工作条例》第19条对如何加强农村党的建设作出明确规定。根据该规定，农村党的建设为党的农村工作的主要任务之一，要以提升组织力为重点，突出政治功能，把农村基层党组织建设成为宣传党的主张、贯彻党的决定、领导基层治理、团结动员群众、推动改革发展的坚强战斗堡垒。

一方面，要坚持农村基层党组织领导地位不动摇，加强基层党组织对农村各类组织、各项工作的领导。在村党组织方面，村党组织书记应当通过法定程序担任村委会主任和村级集体经济组织、合作经济组织负责人。加强村党组织对共青团、妇女联合会等群团组织的领导。健全村党组织领导下的议事决策机制、监督机制。

另一方面，要抓实建强农村基层党组织。认真履行农村基层党建主体责任，坚持抓乡促村，选优配强村党组织书记，整顿软弱涣散村党组织，加强党内激励关怀帮扶，健全以财政投入为主的稳定的村级组织运转经费保障制度，持续加强基本队伍、基本活动、基本阵地、基本制度、基本保障建设。

此外，在从严治党方面，要向基层延伸，深入推进农村党风廉政建设，持续整治侵害农民利益的不正之风和群众身边的腐败问题。

依据

《中国共产党农村工作条例》第19条

04 如何加强农村工作队伍建设？

疑惑

我国的乡村振兴道路怎么走，只能靠我们去探索，而这里的“我们”，就是指实施乡村振兴战略的基础支撑——人才。加强人才队伍建设，对实现乡村振兴无比重要。请问，在加强农村工作队伍的建设方面，《中国共产党农村工作条例》有何规定？

解析

在加强农村工作队伍的建设方面，《中国共产党农村工作条例》第20条至第22条作出了专门规定。

1. 以“懂农业、爱农村、爱农民”作为加强农村工作队伍建设的基本要求。

2. 加强农村工作干部队伍的培养、配备、管理、使用。选派优秀干部到县、乡挂职任职、到村担任第一书记，注重提拔使用实绩优秀的农村工作干部。农村工作干部要增强做群众工作的本领。

3. 加强农村人才队伍建设。注重对乡村教师、医生、农业科技人才和技术推广人才、高素质农民的培养，造就更多乡土人才。

4. 发挥群团组织的优势和力量。发挥各民主党派、工商联、无党派人士等积极作用，支持引导农村社会工作和志愿服务发展，鼓励社会各界投身乡村振兴。

依据

《中国共产党农村工作条例》第 20 ~ 22 条

第二节　党的基层组织的选举与支部工作

05 在选举工作中，党员都有权参与选举吗？

疑惑

我们知道，党的基层组织设立的委员会一般由党员大会选举产生。党员人数在500名以上或者所辖党组织驻地分散的，经上级党组织批准，可以通过召开党员代表大会进行选举。请问，在选举工作中，是不是党员都有权参与选举呢？

解析

党员有预备党员和正式党员之分，其中，预备党员没有表决权、选举权和被选举权；正式党员有表决权、选举权和被选举权。需要注意的是，并不是所有的正式党员都有相关权利，对受留党察看处分的党员在留党察看期间以及被依法留置、逮捕的党员来说，没有表决权、选举权和被选举权。由此可见，在选举工作中，并不是党员都有权参与选举。

在选举工作中，参与选举的党员的权利应得到充分的保障和尊重。选举要发扬和体现民主，任何组织和个人不得以任何方式强迫选举人选举或者不选举某个人。

依据

《中国共产党基层组织选举工作条例》第5～6条

06 党员代表如何产生？

疑惑

选举产生党员代表大会的代表是做好基层党组织选举的基础性工作。党员代表应具备突出的政治条件并以严格的选举程序产生。请问，党员代表具体是如何产生的呢？

解析

《中国共产党基层组织选举工作条例》就代表的产生作出了详细规定，大体上可以总结为以下几点。

1. 代表应当具备的条件

党员代表大会的代表应当自觉增强"四个意识"，坚定"四个自信"，做到"两个维护"，遵守党章党规党纪和法律法规，具有履行职责的能力，能反映本选举单位的意见，代表党员的意志。

2. 名额分配要求

根据所辖党组织数量、党员人数和代表具有广泛性的原则确定名额的分配，强调合理分配代表名额，优化代表结构，确保生产和工作一线代表比例。代表的名额一般为100名至200名，最多不超过300名。

3. 代表产生的主要程序

先从党支部开始推荐提名，提出代表候选人推荐人选，再由选举单位与上级党组织沟通，广泛听取多数党组织和党员的意见，由党组织集体研究确定代表人选，并进行选举。

4. 审查程序

上届党的委员会成立代表资格审查小组，负责对代表的产生程序和资格进行审查。程序不合规的，重新选举；代表资格不达标的，应予以撤换。代表们经审查通过后方可获得正式资格。

依据

《中国共产党基层组织选举工作条例》第 7 ~ 11 条

07 党的基层委员会产生的规范有哪些？

疑惑

党的基层委员会是基层党组织领导班子。选好党的基层委员会关乎党的基层组织的加强与建设，是配强班子的一项重要措施。请问，对党的基层委员会的产生有哪些规范要求呢？

解析

《中国共产党基层组织选举工作条例》就党的基层组织设立的委员会委员的产生作出了明确规定，可以概括为以下几点。

1. 委员候选人应具备的条件

按照德才兼备、以德为先和班子结构合理的原则提名委员候选人。同时，不同领域、不同类型和不同层级基层党组织可结合实际情况进一步细化。

2. 党的总支部委员会、支部委员会委员的产生

由上届委员会根据多数党员的意见提出人选，报上级党组织审查同意后，组织党员酝酿确定候选人，在党员大会上进行选举。

就召开党员大会和召开党员代表大会选举产生基层委员会委员两种情形而言，在委员人选提出、审查、酝酿等方面作出区别规定。召开党员大会的，由上届党的委员会根据所辖多数党组织的意见提出人选，报上级党组织审查同意后，组织党员酝酿确定候选人，提交党员大会进行选举；召开党员代表大会的，由上届党的委员会根据所辖多数党组织的意见提出人选，报上级党组织审查同意后，提请大会主席团讨论通过，由大会主席团提交各代表团（组）酝酿讨论，根据多数代表的意见确定候选人，提交党员代表大会进行选举。

3. 坚持差额选举

基层委员会委员候选人的差额不少于应选人数的20%。常务委员会委员候选人按照比应选人数多1人至2人的差额提出。

4. 领导干部的产生

党的基层委员会书记、副书记的产生，由上届委员会提出候选人，报上级党组织审查同意后，在委员会全体会议上进行选举。

不设委员会的党支部书记、副书记的产生，由全体党员充分酝酿，提出候选人，报上级党组织审查同意后进行选举。

5. 委员的补选和调动

基层委员会委员在任期内出缺，一般应当召开党员大会或者党员代表大会补选。必要时，上级党组织可以调动或者指派下级党组织的负责人。

依据

《中国共产党基层组织选举工作条例》第 12～18 条

08 会议选举如何组织实施?

疑惑

会议选举作为基层党组织选举工作的重要环节,是选举取得成功的关键所在。请问,针对会议选举的组织实施,《中国共产党基层组织选举工作条例》有哪些规定呢?

解析

经过探索与实践积累,《中国共产党基层组织选举工作条例》对会议选举的组织实施作出了具体规定。

1. 会议有效的条件

进行选举时,若有选举权的到会人数不少于应到会人数的 4/5,则会议有效。

2. 会议的主持

召开党员大会进行选举，由上届委员会主持；不设委员会的党支部进行选举，由上届党支部书记主持。召开党员代表大会进行选举，由大会主席团主持。委员会第一次全体会议选举常务委员会委员和书记、副书记，召开党员代表大会的，由大会主席团指定1名新选出的委员主持；召开党员大会的，由上届委员会推荐1名新当选的委员主持。

3. 候选人的介绍

选举前，选举单位的党组织或者大会主席团应当以适当方式将候选人情况向选举人作出实事求是的介绍，对选举人提出的询问作出负责的答复。同时，根据选举人的要求，可以组织会面和提问。

4. 监票人的产生

监票人负责对选举全过程进行监督。党员大会或者党员代表大会选举的监票人，由全体党员或者各代表团（组）从不是候选人的党员或者代表中推选，经党员大会、党员代表大会或者大会主席团会议表决通过。委员会选举的监票人，不是从书记、副书记、常务委员会委员候选人的委员中推选，而是经全体委员表决通过。

5. 如何投票

选举采用无记名投票的方式。选票上代表和委员、常务委员会委员候选人名单以姓氏笔画为序排列；书记、副书记候选人名单按照上级党组织批准的顺序排列。

选举人不能填写选票的，可以由本人委托非候选人按照选举人的意志代写。因故未出席会议的党员或者代表不能委托他人代为投票。选举人对候选人可以投赞成票或者不赞成票,也可以弃权。投不赞成票者可以另选他人。

6. 当选要求

实行差额预选时,赞成票超过应到会有选举权人数半数的,方可列为正式候选人。当正式选举时,被选举人获得的赞成票超过应到会有选举权人数半数的,始得当选。

7. 得票情况

应全面、准确地反映选票内容,反映党员、代表选择情况,保障党员、代表知情权。被选举人得票情况包括赞成票、不赞成票、弃权票和另选他人等。

依据

《中国共产党基层组织选举工作条例》第 19 ~ 31 条

09 党支部工作必须遵循哪些原则?

疑惑

党支部是党的基础组织,是党组织开展工作的基本单元,是党在社会基层组织中的战斗堡垒,是党的全部工作和战斗力的基础,担负直接教育党员、管理党员、监督党员和组织群众、宣传群众、凝聚群众、服务群众的职责。请问,党支部在工作过程中必须遵循哪些原则呢?

解析

根据《中国共产党支部工作条例(试行)》第3条的规定,党支部工作必须遵循以下原则。

1. 坚持以马克思列宁主义、毛泽东思想、邓小平理论、"三个代表"重要思想、科学发展观、习近平新时代中国特色社会主义思想为指导,遵守党章,加强思想理论武装,坚定理想信念,不忘初心、牢记使命,始终保持先进性和纯洁性。

2. 坚持把党的政治建设摆在首位,牢固树立"四个意识",坚定"四个自信",做到"四个服从",旗帜鲜明讲政治,坚决维护习近平总书记党中央的核心、全党的核心地位,坚决维护党中央权威和集中统一领导。

3. 坚持践行党的宗旨和群众路线,组织引领党员、群众听党话、跟党走,成为党员、群众的主心骨。

4. 坚持民主集中制,发扬党内民主,尊重党员主体地位,严肃党的纪律,提高解决自身问题的能力,增强生机活力。

5. 坚持围绕中心、服务大局,充分发挥积极性、主动性、创造性,确保党的路线方针政策和决策部署贯彻落实。

依据

《中国共产党支部工作条例(试行)》第3条

10 党支部的基本任务是什么？村党支部的重点任务是什么？

疑惑

在当前推进伟大斗争、伟大工程、伟大事业、伟大梦想的形势之下，必须贯彻落实新时代党的组织路线，把党支部建设放在更加突出的位置，不断提高党支部建设质量，从而充分发挥党支部的作用与价值。请问，党支部的基本任务有哪些呢？村党支部的重点任务又是什么？

解析

根据《中国共产党支部工作条例(试行)》第9条的规定，党支部的基本任务有以下几点。

1. 宣传和贯彻落实党的理论和路线方针政策，宣传和执行党中央、上级党组织及本党支部的决议。讨论决定或者参与决定本地区、本部门、本单位重要事项，充分发挥党员先锋模范作用，团结组织群众，努力完成本地区、本部门、本单位所担负的任务。

2. 组织党员认真学习马克思列宁主义、毛泽东思想、邓小平理论、“三个代表”重要思想、科学发展观、习近平新时代中国特色社会主义思想，推进“两学一做”学习教育常态化、制度化，学习党的路线方针政策和决议，学习党的基本知识，学习科学、文化、法律和业务知识。做好思想政治工作和意识形态工作。

3. 对党员进行教育、管理、监督和服务，突出政治教育，提高党员素质，坚定理想信念，增强党性，严格党的组织生活，开展批评和自我批评，维护和执行党的纪律，监督党员切实履行义务，保障党员的权利不受侵犯。加强和改进流动党员管理。关怀帮扶生活困难党员和老党员。做好党费收缴、使用和管理工作。依规稳妥处置不合格党员。

4. 密切联系群众，向群众宣传党的政策，经常了解群众对党员、党的工作的批评和意见，了解群众诉求，维护群众的正当权利和利益，做好群众的思想政治工作，凝聚广大群众的智慧和力量。领导本地区、本部门、本单位工会、共青团、妇女组织等群团组织，支持它们依照各自章程独立、负责地开展工作。

5. 对要求入党的积极分子进行教育和培养，做好经常性的发展党员工作，把政治标准放在首位，严格程序、严肃纪律，发展政治品质纯洁的党员。发现、培养和推荐党员、群众中间的优秀人才。

6. 监督党员干部和其他任何工作人员严格遵守国家法律法规，严格遵守国家的财政经济法规和人事制度，不得侵占国家、集体和群众的利益。

7. 实事求是对党的建设、党的工作提出意见建议，及时向上级党组织报告重要情况。教育党员、群众自觉抵制不良倾向，坚决同各种违纪违法行为作斗争。

8. 按照规定，向党员、群众通报党的工作情况，公开党内有关事务。

《中国共产党支部工作条例（试行）》将不同领域党支部划分为10类，并明确了各自承担的重点任务。其中，村党支部的重点任务为全面领导隶属本村的各类组织和各项工作，围绕实施乡村振兴战略开展工作，组织带领农民群众发展集体经济，走共同富裕道路，领导村级治理，建设和谐美丽乡村。贫困村党支部应当动员和带领群众，全力打赢脱贫攻坚战。

依据

《中国共产党支部工作条例（试行）》第 9～10 条

11 党支部的工作机制是怎样的？

疑惑

党支部承担着重大又细致的任务，具有怎样的工作机制呢？

解析

1. 党支部党员大会

党支部党员大会是党支部议事决策机构，由全体党员参加，一般每季度召开 1 次。其中，村、社区重要事项以及与群众利益密切相关的事项，必须经过党支部党员大会讨论。

2. 党支部委员会

党支部委员会是党支部日常工作的领导机构。党支部委员会会议一般每月召开 1 次，根据需要可以随时召开，对党支部重要工作进行讨论、作出决定等。

3. 党小组

党员人数较多或者党员工作地、居住地比较分散的党支部，按照便于组织开展活动原则，应当划分若干党小组，并设立党小组组长。党小组会一般每月召开 1 次。党小组主要落实党支部工作要求，完成党支部安排的任务。

依据

《中国共产党支部工作条例(试行)》第 11 ~ 14 条

12 党支部如何开展组织生活?

疑惑

重视党支部、善抓党支部,是党员领导干部政治成熟的重要标志。各级党委(党组)应将抓好党支部工作与建设落到实处、见到实效。请问,在开展组织生活方面,党支部应当如何做?

解析

针对党支部组织生活的开展,《中国共产党支部工作条例(试行)》第 5 章有明确的规定。

1. 总任务和要求

党支部应当严格执行党的组织生活制度,经常、认真、严肃地开展批评和自我批评,增强党内政治生活的政治性、时代性、原则性、战斗性。

党员领导干部应当带头参加所在党支部或者党小组组织生活。

2.“三会一课”的开展

党支部应当组织党员按期参加党员大会、党小组会和上党课，定期召开党支部委员会会议。

“三会一课”应当突出政治学习和教育，突出党性锻炼，以“两学一做”为主要内容，结合党员思想和工作实际，确定主题和具体方式，做到形式多样、氛围庄重。

党课应当针对党员思想和工作实际，回应普遍关心的问题，注重身边人讲身边事，增强吸引力和感染力。党员领导干部应当定期为基层党员讲党课，党委（党组）书记每年至少讲1次党课。

3.主题党日的开展

党支部每月应固定一天开展主题党日，组织党员集中学习、过组织生活、进行民主议事和志愿服务等。主题党日开展前，党支部应当认真研究确定主题和内容；主题党日开展后，应当抓好议定事项的组织落实。

4.组织生活会的召开

党支部每年至少召开1次组织生活会，一般安排在第4季度，也可以根据工作需要随时召开。组织生活会一般以党支部党员大会、党支部委员会会议或者党小组会的形式召开。

组织生活会应当确定主题，会前认真学习，谈心谈话，听取意见；会上查摆问题，开展批评和自我批评，明确整改方向；会后制定整改措施，逐一整改落实。

5. 民主评议党员的开展

党支部一般每年开展 1 次民主评议党员，组织党员对照合格党员标准、对照入党誓词，联系个人实际进行党性分析。

党支部召开党员大会，按照个人自评、党员互评、民主测评的程序，组织党员进行评议。党员人数较多的党支部，个人自评和党员互评可以在党小组范围内进行。党支部委员会会议或者党员大会根据评议情况和党员日常表现情况，提出评定意见。

民主评议党员可以结合组织生活会一并进行。

6. 谈心谈话的开展

党支部应当经常开展谈心谈话。党支部委员之间、党支部委员和党员之间、党员和党员之间，每年谈心谈话一般不少于 1 次。谈心谈话应当坦诚相见、交流思想、交换意见、帮助提高。

党支部应当注重分析党员思想状况和心理状态。对家庭发生重大变故和出现重大困难、身心健康存在突出问题等情况的党员，党支部书记应当帮助其做好心理疏导；对受到处分处置以及有不良反映的党员，党支部书记应当有针对性地做好思想政治工作。

依据

《中国共产党支部工作条例（试行）》第 15 ~ 19 条

13 党支部书记自身应该具备哪些条件？

疑惑

在党支部的工作中，党支部书记负责主持党支部的整体工作，督促党支部其他委员履行职责、发挥作用，抓好党支部委员会自身建设，向党支部委员会、党员大会和上级党组织报告工作。请问，党支部书记自身应该具备哪些条件？

解析

根据《中国共产党支部工作条例（试行）》第23条的规定，党支部书记应该具备以下条件：(1)具备良好的政治素质，热爱党的工作。只有在保证政治素质牢靠的情况下才能保证干好党组织交给的重任。(2)具有一定的政策理论水平、组织协调能力和群众工作本领。上述能力是其开展支部工作所必需的硬件。(3)敢于担当、乐于奉献，带头发挥先锋模范作用。这也是一名优秀共产党员应具备的良好品质。(4)在党员、群众中有较高威信，一般应当具有1年以上党龄。对威信和党龄的要求，也是党支部书记开展工作的需要。

此外，该条例第24条还对如何选拔党支部书记作出了详细规定。对村党委来讲，应当注重从带富能力强的村民、复员退伍军人、经商务工人员、乡村教师、乡村医生、社会工作者、大学生村官、退休干部职工等群体中选拔党支部书记。

依据

《中国共产党支部工作条例(试行)》第 23～24 条

第三节　党的农村基层组织工作

14 党在农村的基层组织是什么？

疑惑

基层党组织是落实党的路线方针政策和各项工作任务的战斗堡垒，是领导群众建设社会主义的核心力量。请问，党在农村的基层组织是什么呢？

解析

党在农村的基层组织，是指乡镇党的委员会和村党组织（村指行政村）。他们是党在农村全部工作和战斗力的基础，全面领导乡镇、村的各类组织和各项工作。

党的农村基层组织必须高举中国特色社会主义伟大旗帜，坚持以马克思列宁主义、毛泽东思想、邓小平理论、“三个代表”重要思想、科学发展观、习近平新时代中国特色社会主义思想为指导，坚决维护习近平总书记党中央的核心、全党的核心地位，坚决维护党中央权威和集中统一领导，牢固树立“四个意识”，坚定“四个自信”，做到“四个服从”，坚持党要管党、全面从严治党，以提升组织力为重点，突出政治功能，努力成为宣传党的主张、贯彻党的决定、领导基层治理、团结动员群众、推动改革发展的坚强战斗堡垒。

依据

《中国共产党农村基层组织工作条例》第 2 ~ 3 条

15 如何以村为基本单元设置党组织？

疑惑

青年吴某的入党申请被户籍所在村村支部批准，经过一系列的学习，成为一名入党积极分子。培训学习时，吴某看到某个文件中关于村的党组织的设置情况，让吴某感到非常困惑的是，他看到有的村子还设置了党的基层委员会，可是本村只有党支部。请问，如何以村为基本单元设置党组织呢？

解析

关于农村基层党组织的设立标准,《中国共产党农村基层组织工作条例》第5条明确规定,村党组织根据其党员人数视情况进行设置:(1)有正式党员3人以上的村,应当成立党支部。(2)不足3人的,可以与邻近村联合成立党支部。(3)党员人数超过50人的村,或者党员人数虽不足50人、确因工作需要的村,可以成立党的总支部。(4)党员人数100人以上的村,根据工作需要,经县级地方党委批准,可以成立党的基层委员会,下设若干党支部;村党的委员会受乡镇党委领导。此外,村党的委员会、总支部委员会、支部委员会每届任期5年,由党员大会选举产生。党员人数500人以上的村党的委员会,经乡镇党委批准,可以由党员代表大会选举产生。

据此可知,应根据本村实际的党员人数决定基层党组织的设立形式。党员人数较少的基层党组织只成立党支部,而党员人数较多的基层党组织,根据工作的实际需要可以相应设立党的总支部,甚至设立党的基层委员会。

依据

《中国共产党农村基层组织工作条例》第5条

16 农村经济组织、社会组织应当设立党组织吗?

疑惑

某村为了帮助本村家庭困难的学生上大学,村委会发起成立了某村助学基金会。基金会成立后,大家推选朱某作为负责人。朱某听说,基金会必须设立一个党组织。请问,农村经济组织、社会组织是否应当设立党组织?

解析

《中国共产党农村基层组织工作条例》第 7 条第 1 款规定了农村经济组织、社会组织设立党组织的方式,即如果农村经济组织、社会组织具备单独成立党组织条件的,就可以根据工作需要成立党组织,一般由所在村党组织或者乡镇党委领导。在跨村跨乡镇的经济组织、社会组织中成立党组织,由批准其成立的上级党组织或者县级党委组织部门确定隶属关系,也就是说,只有具备单独成立党组织条件的农村经济组织、社会组织,才需要设立党组织;反之,如果农村经济组织、社会组织规模较小,则无须设立。

在上面的案例中,如果朱某负责管理的基金会规模较小,而且党员人数非常少,则不需要专门设立党组织。因此,党组织并非该村基金会必须设立的机构。

依据

《中国共产党农村基层组织工作条例》第 7 条第 1 款

17 村改社区后党组织如何设置?

疑惑

根据上级通知,原 A 村村民将在某地分得安置房,该村成为当地某市下属的一个社区。搬迁之前,该村党支部召开会议,讨论村改社区后党组织的设置问题。在会议上,有人提出,村改社区后还保持原来的党组织设置;有人认为,党组织应重新设立;还有人认为,党组织如何设立应听从上级的通知。请问,村改社区后党组织应如何设置呢?

解析

《中国共产党农村基层组织工作条例》第 7 条第 2 款、第 3 款规定，村改社区应当同步调整或者成立党组织。此外，如果村及以下成立或者撤销党组织，必须经乡镇党委或者以上党组织批准。由此可见，村改社区后，原村的党支部应根据变化进行调整。

在上面的案例中，A 村整体搬迁后，该村已经由某村改为某市下设社区，党支部也需要进行相应的调整。例如，原来没有独立的党支部，如果达到相应的人数，可以成立新的党支部；或者人数达到标准的，可以成立新的基层委员会。但是，如果成立新的党支部或者撤销原来的党支部，必须经过乡镇党委或者以上党组织批准。

依据

《中国共产党农村基层组织工作条例》第 7 条第 2 款、第 3 款

18 乡镇党委如何设置？其主要职责有哪些？

疑惑

某县召开全县乡镇党委书记座谈会，商谈如何进一步完善各乡镇党委班子，如何尽职尽责，勇于担当，推动县域经济、文化高质量发展。请问，乡镇党委如何设置？其主要职责有哪些？

解析

乡镇党委一般设委员7名至9名，其中，书记1名、副书记2名至3名，还应当设组织委员、宣传委员，纪委书记由党委委员兼任。乡镇党委的主要职责有以下几个方面。

1. 宣传和贯彻执行党的路线方针政策和党中央、上级党组织及本乡镇党员代表大会（党员大会）的决议。

2. 讨论和决定本乡镇经济建设、政治建设、文化建设、社会建设、生态文明建设和党的建设以及乡村振兴中的重大问题。需由乡镇政权机关或者集体经济组织决定的重要事项，经乡镇党委研究讨论，由乡镇政权机关或者集体经济组织依照法律和有关规定作出决定。

3. 领导乡镇政权机关、群团组织和其他各类组织，加强指导和规范，支持和保证这些机关和组织依照国家法律法规以及各自章程履行职责。

4. 加强乡镇党委自身建设和村党组织建设，以及其他隶属乡镇党委的党组织建设，抓好发展党员工作，加强党员队伍建设。维护和执行党的纪律，监督党员干部和其他工作人员严格遵守国家法律法规。

5. 按照干部管理权限，负责干部的教育、培训、选拔、考核和监督工作。协助管理上级有关部门驻乡镇单位的干部。做好人才服务和引进工作。

6. 领导本乡镇的基层治理，加强社会主义民主法治建设和精神文明建设，加强社会治安综合治理，做好生态环保、美丽乡村建设、民生保障、脱贫致富、民族宗教等工作。

依据

《中国共产党农村基层组织工作条例》第 8 条第 1 款、第 9 条

19 村党组织委员会如何设置？村党组织的主要职责有哪些？

疑惑

某县举行第一轮村党组织委员会换届选举，3个乡镇的12个村圆满地完成了换届选举工作，为第二轮其他乡镇的村党组织委员会的换届选举工作提供了宝贵的经验。请问，村党组织委员会如何设置？其主要职责有哪些？

解析

村党的委员会一般设委员5名至7名，最多不超过9名，其中，书记1名、副书记1名至2名、纪委书记1名。

村党的总支部委员会一般设委员5名至7名，其中，书记1名、副书记1名、纪检委员1名。村党的支部委员会一般设委员3名至5名，其中，书记1名，必要时可以设副书记1名；正式党员不足7人的支部，不设支部委员会。

村党组织的主要职责有以下几个方面。

1. 宣传和贯彻执行党的路线方针政策和党中央、上级党组织及本村党员大会(党员代表大会)的决议。

2. 讨论和决定本村经济建设、政治建设、文化建设、社会建设、生态文明建设和党的建设以及乡村振兴中的重要问题并及时向乡镇党委报告。需由村委会提请村民会议、村民代表会议决定的事情或者集体经济组织决定的重要事项,经村党组织研究讨论,由村民会议、村民代表会议或者集体经济组织依照法律和有关规定作出决定。

3. 领导和推进村级民主选举、民主决策、民主管理、民主监督,推进农村基层协商,支持和保障村民依法开展自治活动。领导村委会以及村务监督委员会、村集体经济组织、群团组织和其他经济组织、社会组织,加强指导和规范,支持和保证这些组织依照国家法律法规以及各自章程履行职责。

4. 加强村党组织自身建设,严格组织生活,对党员进行教育、管理、监督和服务。负责对要求入党的积极分子进行教育和培养,做好发展党员工作。维护和执行党的纪律。加强对村、组干部和经济组织、社会组织负责人的教育、管理和监督,培养村级后备力量。做好本村招才引智等工作。

5. 组织群众、宣传群众、凝聚群众、服务群众,经常了解群众的批评和意见,维护群众正当权利和利益,加强对群众的教育引导,做好群众思想政治工作。

6. 领导本村的社会治理,做好本村的社会主义精神文明建设、法治宣传教育、社会治安综合治理、生态环保、美丽村庄建设、民生保障、脱贫致富、民族宗教等工作。

依据

《中国共产党农村基层组织工作条例》第8条第2款、第10条

20 村党组织如何加强自身建设？

疑惑

如果村党组织软弱涣散，党在农村的路线方针政策就难以宣传和执行，农村经济发展和社会稳定会受到严重影响。村党组织的自身建设关乎乡村振兴和发展。请问，村党组织如何加强自身建设？

解析

村党组织如何加强自身建设，可从以下几个方面入手：

（1）严格组织生活，对党员进行教育、管理、监督和服务。

（2）负责对要求入党的积极分子进行教育和培养，做好发展党员工作。

（3）维护和执行党的纪律。

（4）加强对村、组干部和经济组织、社会组织负责人的教育、管理

和监督，培养村级后备力量。

(5)做好本村招才引智等工作。

依据

《中国共产党农村基层组织工作条例》第10条

21 在村党支部党员人数较多的情况下，如何开展工作？

疑惑

周某作为大学生村官，被分配到某村做村支书助理。周某发现其所在村人数非常多，党员队伍也非常庞大，有正式党员近200人。周某担心如此庞大的党支部会影响党支部开展具体工作，如果有村内事项需要讨论，也很难达成一致的意见。请问，在村党支部党员人数较多的情况下，如何开展工作？

解析

根据《中国共产党农村基层组织工作条例》第11条的规定，如果村党支部党员人数较多，可以划分若干个党小组。党小组在支部委员会的领导下开展工作，组织党员学习和参加组织生活，检查党员履行义务、行使权利和执行支部委员会、党员大会决议的情况，反映党员、群众的意见。因此，可以根据党员人数成立村党支部，党员人数较多时，可以再划分设立多个党小组，以小组为单位落实党支部的工作任务。

在上面的案例中，周某所在村党支部人数有近200人，属于人数较多的大村，为了提高工作效率，可以将党员分为若干个小组，以党小组的形式在村支部委员会的领导下开展一系列工作。

依据

《中国共产党农村基层组织工作条例》第11条

22 党的农村基层组织在经济建设方面的具体任务有哪些？

疑惑

2021年，“统筹推进农村经济建设”被作为任务之一写进了《乡村振兴促进法》。请问,党的农村基层组织在经济建设方面的具体任务有哪些呢?

解析

根据《中国共产党农村基层组织工作条例》第 12 条的规定,党的农村基层组织应当加强对经济工作的领导,坚持以经济建设为中心,贯彻创新、协调、绿色、开放、共享的发展理念,加快推进农业农村现代化,持续增加农民收入,不断满足群众对美好生活的需要。具体任务包括以下几点。

1. 坚持以公有制为主体、多种所有制经济共同发展的基本经济制度,巩固和完善农村基本经营制度,坚持农村土地集体所有,坚持家庭经营基础性地位,坚持稳定土地承包关系,走共同富裕之路。

2. 稳定发展粮食生产,发展多种经营应当同支持和促进粮食生产相结合。

3. 推动乡村产业振兴,推进农村第一、第二、第三产业融合发展,让农民合理分享全产业链增值收益。

4. 坚持“绿水青山就是金山银山”的理念,实现农业农村绿色发展、可持续发展。

5. 领导制订本地经济发展规划,组织、动员各方面力量保证规划实施。

6. 组织党员、群众学习农业科学技术知识,运用科技发展经济。吸引各类人才到农村创业创新。

依据

《中国共产党农村基层组织工作条例》第12条

23 党的农村基层组织开展精神文明建设，应从哪些方面入手？

疑惑

某村的村党组织建设得特别好，党员和群众联系紧密，党员能充分发挥模范带头作用，农民的诉求也能得到满足，全村团结一致，朝气蓬勃，不仅经济建设搞得好，精神文明建设方面也开展得不错。近日，该村党委研究在精神文明建设方面力求更上一层楼。请问，党的农村基层组织开展精神文明建设，应从哪些方面入手？

解析

党的农村基层组织开展精神文明建设应当从组织群众学习习近平新时代中国特色社会主义思想、加强群众培训、改善农村人居环境、加强和改进思想政治工作、加强无神论宣传教育等方面开展,具体为以下几个方面。

1. 培养“四有”新型农民

党的农村基层组织应当组织群众学习习近平新时代中国特色社会主义思想,培育和践行社会主义核心价值观,开展中国特色社会主义和实现中华民族伟大复兴的中国梦的宣传教育,爱国主义、集体主义和社会主义教育,党的路线方针政策教育,思想道德和民主法治教育,引导农民正确处理国家、集体、个人三者之间的利益关系,培养有理想、有道德、有文化、有纪律的新型农民。

2. 加强群众培训

党的农村基层组织应当加强群众培训,通过新时代文明实践中心(所、站)、农民夜校等渠道,深入宣传教育群众,用中国特色社会主义文化、社会主义思想道德牢牢占领农村思想文化阵地。

3. 改善农村人居环境

党的农村基层组织应当改善农村人居环境,倡导文明健康生活方式。传承发展提升农村优秀传统文化,保护传统村落,加强农村文化设施建设,开展健康有益的文体活动。改善办学条件,普及义务教育。开展文明村镇、文明家庭创建活动,破除封建迷信和陈规陋习,推进移风易俗,弘扬时代新风。

4. 做好思想政治工作

党的农村基层组织应当加强和改进思想政治工作。宣传党组织和党员先进事迹,宣传好人好事,弘扬真善美,传播正能量。了解群众思想状况,帮助解决实际困难,引导群众自觉听党话、感党恩、跟党走。

5. 加强无神论宣传教育，弘扬科学精神

党的农村基层组织应当加强对党员、群众的无神论宣传教育，引导党员、群众自觉抵制腐朽落后文化的侵蚀，弘扬科学精神，普及科学知识。做好农村宗教工作，加强对信教群众的工作，管理好宗教活动场所，依法制止利用宗教干涉农村公共事务，坚决抵御非法宗教活动和境外渗透活动。必须在意识形态上站稳立场，旗帜鲜明反对各种错误观点，同一切歪风邪气、违法犯罪行为作斗争。

依据

《中国共产党农村基层组织工作条例》第15～18条

24 党的农村基层组织应当如何开展乡村治理工作?

疑惑

乡村振兴的总体目标提出扎实有序推进乡村发展、乡村建设、乡村治理三项重点工作。其中，就乡村治理而言，要突出实效改进乡村治理,加强农村基层组织建设,强化县级党委抓乡促村职责,全面开展乡村振兴主题培训,发挥好驻村第一书记和工作队作用,健全党组织领导的自治、法治、德治相结合的乡村治理体系。请问,具体来讲,党的农村基层组织应当如何开展乡村治理工作?

解析

党的农村基层组织应当从以下几个方面开展乡村治理工作。

1. 村级重大事项的决策

村级重大事项决策实行"四议两公开",即村党组织提议、村两委会议商议、党员大会审议、村民会议或者村民代表会议决议,决议公开,实施结果公开。

2. 村党组织干部的任职规定

村党组织书记应当通过法定程序担任村委会主任和村级集体经济组织、合作经济组织负责人,村两委班子成员应当交叉任职。

村务监督委员会主任一般由党员担任,可以由非村委会成员的村党组织班子成员兼任。村委会成员、村民代表中党员应当占一定比例。

3. 健全党组织领导的自治、法治、德治相结合的乡村治理体系

深化村民自治实践,制定完善村规民约,建立健全村务监督委员会,加强村级民主监督。推广新时代"枫桥经验",推进乡村法治建设,提升乡村德治水平,建设平安乡村。

依法严厉打击农村黑恶势力、宗族恶势力、宗教极端势力、"村

霸”，严防其侵蚀基层干部和基层政权。坚决惩治黑恶势力“保护伞”。

4. 加强农村生态文明建设

组织党员、群众参与山水林田湖草系统治理，加强污染防治，保护生态环境，建设美丽乡村。

5. 保障和改善民生

努力解决入园入托、上学、就业、看病、养老、居住、出行、饮水等群众最关心、最直接、最现实的利益问题，加强对贫困人口、留守儿童和妇女、老年人、残疾人、“五保户”等人群的关爱服务。投放农村的公共服务资源，应当以乡镇、村党组织为主渠道落实，保证有资源、有能力为群众服务。注重运用现代信息技术，提升乡村治理智能化水平。

依据

《中国共产党农村基层组织工作条例》第19~22条

25 对农村基层干部有哪些要求？

疑惑

随着近年来市场经济体制的不断发展和完善，以及政府对农村经济发展的高度重视，农村经济发展走上了“快车道”，尤其是国家脱贫攻坚的全面实行,不少贫困村、贫困县已大幅度改善自然条件差、基础设施落后的状况,生产生活困难得到有效解决,全村群众的收入也大幅提高,农村整体面貌发生根本性改变。在农村经济发展取得重大成就的基础上,需要进一步扩大农村基层干部队伍,巩固目前的发展和建设成果。请问,国家对农村基层干部有哪些要求呢?

解析

根据《中国共产党农村基层组织工作条例》第 23 条的规定,农村基层干部应当认真学习和忠实践行习近平新时代中国特色社会主义思想,学习党的基本理论、基本路线、基本方略,学习必备知识技能。从该条规定可以看出,农村基层干部的政治素质是基层干部队伍建设的要求之一。党的农村基层组织是党在农村全部工作和战斗力的基础,全面领导乡镇、村的各种组织和各项工作,只有养成较高的政治素质,才能给群众以正确的指导和帮助。针对上述问题,当地党委政府可以通过引导农村基层干部系统学习习近平新时代中国特色社会主义思想,认真学习党章、党规,学习优秀村支书的先进事迹等方式进一步提高干部政治素质。

此外,新时代农村基层干部应当做到"一懂二爱",即懂农业、爱农村、爱农民。农村干部要掌握"三农"政策,懂农业政策和农业知识,有能力、有措施、有办法解决农村实际问题。农村基层干部要爱农村,扎根农村基层,安身安心安业,甘于奉献,苦干实干。只有打心眼里热爱这片热土,才能找到归属感,才有干事创业的激情,才能全心全意为人民群众服务。农村基层干部也要爱农民，对农民群众充满感情，始终放在心上，把农民群众的利益摆在第一位，与农民群众想在一起、干在一起，调动农民的积极性、主动性，勠力同心，共同实现新时代乡村振兴美好愿景。

需要注意的是，基层党委政府还应当注重加强农村基层干部教育培训，不断提高素质。按照《中国共产党农村基层组织工作条例》的规定，县级党委每年至少应对村党组织书记培训 1 次。国家还通过“学习强国”等平台，鼓励农村基层干部自我提升。

依据

《中国共产党农村基层组织工作条例》第 23 条

26 对农村基层干部队伍作风有什么要求？

疑惑

随着乡村振兴战略的不断推进，农村对年轻人的吸引力逐步增强，越来越多的年轻人选择回到自己的家乡，为家乡的建设添砖加瓦。毕业于某名牌大学的小娴就怀抱建设家乡，带领乡亲们走向共同富裕的愿望，回到家乡做了一名大学生村官。入职后，小娴感慨万千，她发现如今的基层干部队伍素质明显比以往高了不少，乡亲们办理业务时，干部们也更加有耐心和责任心，切实地为人民群众解决问题，同时干部们还减少了乡亲们办理业务时不必要的烦琐程序，提升了为公众服务的效率和质量。小娴认为现在的农村基层干部队伍作风优良，同事们廉洁奉公。请问，对农村基层干部队伍作风有什么要求呢？

解析

根据《中国共产党农村基层组织工作条例》第 24 条的规定，要加强农村基层干部队伍作风建设，主要包括以下几个方面：第一，在工作方面，要坚持实事求是，不准虚假浮夸；坚持依法办事，不准违法乱纪；坚持说服教育，不准强迫命令；坚持廉洁奉公，不准以权谋私。第二，在生活方面，要坚持艰苦奋斗，不准奢侈浪费。第三，在思想方面，要坚决反对形式主义、官僚主义、享乐主义和奢靡之风。第四，要加强对农村基层干部的管理和监督，坚决纠正农村基层干部损害群众利益的行为，严厉整治农村基层干部的腐败问题，使他们不愿腐、不敢腐、不能腐。

作为一名农村基层干部，必须始终筑牢思想防线，强化规矩意识、红线意识、底线意识、道德意识，加强自律，守得住清贫，耐得住寂寞。习近平总书记强调：我们要以刀刃向内、刮骨疗毒的决心和勇气，坚决清除害群之马，让腐败无处遁形。

总之，农村基层发展必须不断加强农村基层干部队伍作风建设，构建规范高效的制约监督体系，推动反腐倡廉常态化，坚决打击腐败，营造风清气正的良好氛围，让农村基层干部在法律的范围内行使权力，带头依法办事，带头遵守法律，维护农村社会平安稳定，让人民群众更加安乐。

依据

《中国共产党农村基层组织工作条例》第24条

27 应如何选拔农村基层干部？

疑惑

小磊作为一名刚从某农业大学毕业参加工作的大学生村官，刚一入职就意识到了自己肩上沉甸甸的责任，但他觉得农村的村干部晋升空间小，待遇低，福利不好，很多大学生做村干部是为了给自己的履历镀金。工作几年后，小磊对新农村建设有了新的认识，对农村基层干部的待遇和晋升空间也更加了解，他通过自己的努力已经成长为一名优秀的农村基层干部，基层党委对他的期望也非常高，在新一届换届工作中，小磊决定竞选镇长，带领乡亲们走向致富的道路。请问，针对农村基层干部，应该如何选拔呢？

解析

乡村振兴战略包括乡村产业振兴、乡村人才振兴、乡村文化振兴、乡村生态振兴、乡村组织振兴五个方面。习近平总书记从战略和全局的高度提出乡村振兴要统筹谋划,科学推进。农村基层干部的领导对乡村振兴战略的实施有举足轻重的作用,我们应当如何为基层组织推选优秀干部,发挥他们扎根基层,奉献农村的作用呢?

首先,根据《乡村振兴促进法》第43条的规定,国家建立健全农业农村干部队伍的培养、配备、使用和管理机制,选拔优秀干部充实到农业农村工作干部队伍,采取措施提高农业农村工作干部队伍的能力和水平,落实农村基层干部相关保障待遇,建设懂农业、爱农村、爱农民的农业农村工作干部队伍。其次,根据《中国共产党农村基层组织工作条例》第25条的规定,基层领导干部应当信念坚定、为民服务、勤政务实、敢于担当、清正廉洁,善于结合实际开展工作。乡镇党委书记还应当具备一定的理论和政策水平,坚持依法办事,具有较强的组织协调能力、群众工作能力、处理农村复杂问题的能力,熟悉党务工作和"三农"工作,带头实干、敢抓敢管。

从上述规定可以看出,组织部门选拔优秀基层干部,注重干部的德、能、勤、绩、廉,可能会从优秀党组织书记、选调生、大学生村官、乡镇事业编制人员中选拔乡镇领导干部。同时,组织部门还重视培养选拔优秀年轻干部、女干部和少数民族干部,组织培训提升农村基层干部队伍的能力和水平,保障农村基层干部的待遇。

依据

《乡村振兴促进法》第43条

《中国共产党农村基层组织工作条例》第25条

28 村党组织领导班子应该由怎样的人组成？

疑惑

小陆是一名本乡本土的大学毕业生，在毕业前就决定回到家乡建设新农村，为人民群众服务。近期，小陆所在的村党组织计划按照有关规定和程序召开党员大会，差额选举产生新一届村党组织委员会委员，再召开村党组织委员会议，选举产生书记、副书记。请问，村党组织领导班子应该由怎样的人组成呢？

解析

党的农村基层组织是党在农村组织工作、实现乡村振兴、打赢脱贫攻坚战的基础。加强党对农村工作的领导对巩固党在农村的执政基础具有重要意义。只有建设一支兵强马壮、活力四射的农村党组织队伍,才能从根本上实现群众美好生活的目标。《中国共产党农村基层组织工作条例》第 26 条明确规定了村党组织领导班子的任职要求和条件,具体包括以下几个方面。

第一,从政治面貌上来看,必须是光荣的中国共产党党员;第二,从思想作风上来看,应当有良好的思想政治素质和道德品行,公道正派,廉洁自律;第三,从业务能力上来看,必须能带动村民致富,协调能力强,热心为群众服务;第四,村党组织的书记还应当懂法律和政策,坚持依法办事,甘愿为新农村建设奉献自我。在实际选拔任用中,村党组织书记应当重点从本村致富能手、外出务工经商返乡人员、本土本乡大学毕业生、退役军人等群体中培养选拔,这些群体有的有致富或者带动村民致富的经验,有的则接受过系统的教育,更加熟悉法律和政策,更能坚持依法办事。当然,根据工作需要,上级党组织可以向村党组织选派第一书记,以带动本村经济的发展。

依据

《中国共产党农村基层组织工作条例》第 26 条

29 党的农村基层组织领导班子应当如何贯彻执行党的路线？

疑惑

党的路线是为完成一定历史时期的任务，根据其基本政治纲领而确定的指导原则和根本方针，主要包括党在一定时期内的政治任务、目标以及为实现任务和目标而采取的措施和方法。党的路线包括党的政治路线、思想路线、组织路线和群众路线。请问，党的农村基层组织领导班子应当如何贯彻执行党的路线呢？

解析

党的农村基层组织领导班子应当从以下几个方面贯彻执行党的路线。

1. 执行党的政治路线

始终在政治立场、政治方向、政治原则、政治道路上同以习近平同志为核心的党中央保持高度一致，组织推进农村深化改革，促进各项事业发展，维护社会和谐稳定，不断增强群众获得感、幸福感、安全感。

2. 贯彻党的思想路线

反映情况、安排工作、决定事项必须实事求是，一切从实际出发，说实话、办实事、求实效。

3. 贯彻新时代党的组织路线

全面加强农村基层组织体系建设，建强战斗堡垒，把党员组织起来，把人才凝聚起来，把群众动员起来，合力推动新时代乡村全面振兴。

4. 贯彻党的群众路线

决定重大事项要同群众商量，布置工作任务要向群众讲清道理；经常听取群众意见，不断改进工作；关心群众生产生活，维护群众的合法权益，切实减轻群众负担。

5. 贯彻党的民主集中制

党的农村基层组织领导班子应当贯彻党的民主集中制，认真执行集体领导和个人分工负责相结合的制度。凡属重要问题，必须经过集体讨论决定，不允许个人或者少数人说了算。书记应当有民主作风，善于发挥每个委员的作用，敢于负责。委员应当积极参与和维护集体领导，主动做好分工负责的工作。

依据

《中国共产党农村基层组织工作条例》第 27 ~ 31 条

30 党的农村基层组织应如何开展党员队伍建设？

疑惑

党员队伍建设是党的建设基础工程。加强党的建设、建设高素质干部队伍，是顺利实现第二个百年奋斗目标的需要。请问，针对党的农村基层组织，应如何开展党员队伍建设呢？

解析

党的农村基层组织应从以下几个方面开展党员队伍建设。

1. 加强党员教育

党的农村基层组织应当组织党员认真学习和忠实践行习近平新时代中国特色社会主义思想，推进“两学一做”学习教育常态化制度化，认真开展党内主题教育活动，学习党的基本理论、基本路线、基本方略，学习形势政策、科学文化、市场经济、党内法规和国家法律法规等知识。

县、乡两级党委应当加强农村党员教育培训，建好用好乡镇党校、党员活动室，注重运用现代信息技术开展党员教育。乡镇党委每年至少对全体党员分期分批集中培训1次。

2. 严格党的组织生活

坚持“三会一课”制度，村党组织应当以党支部为单位，每月相对固定一天开展主题党日，组织党员学习党的文件、上党课，开展民主议事、志愿服务等，突出党性锻炼，防止表面化、形式化。党员领导干部应当定期为基层党员讲党课。党支部应当经常开展谈心谈话。

3. 坚持和完善民主评议党员制度

对优秀党员，进行表彰表扬；对不合格党员，加强教育帮助，依照有关规定，分别给予限期改正、劝其退党、党内除名等组织处置。

4. 加强和改进流动党员教育管理

流入地党组织应当及时将外来党员编入党的支部和小组，组织他们参加组织生活和党的活动。流出地党组织应当加强对外出党员的经常联系，可以在外出党员相对集中的地方建立流动党员党组织。流动党员每半年至少向流出地党组织汇报1次在外情况。

5. 发展党员的总要求

党的农村基层组织应当按照控制总量、优化结构、提高质量、发挥作用的总要求和有关规定，把政治标准放在首位，做好发展党员工作。注重从青年农民、农村外出务工人员中发展党员，注意吸收妇女入党。村级党组织发展党员必须经过乡镇党委审批。

6. 为党员发挥作用创造条件

党的农村基层组织应当组织开展党员联系农户、党员户挂牌、承诺践诺、设岗定责等活动，给党员分配适当的社会工作和群众工作，为党员发挥作用创造条件。

依据

《中国共产党农村基层组织工作条例》第33～40条

第四节　勿碰党员纪律红线

31 如果党员违反纪律，对党员的处分有哪几种？

疑惑

老张是某乡镇的一名党员干部,2018 年被选派为该镇某村的驻村干部。几年来,老张一直努力带领村民致富,拓展新媒体渠道帮助村民销售大樱桃,取得了不错的成效。虽然老张在带头致富方面表现突出,但是他为人有些骄傲自满,不能很好地团结同志。镇政府召开 2020 年度表彰大会时,模范驻村干部的名单里没有老张。老张气愤难平,便干脆待在家里不上班,不再到村里工作,镇政府多次给他打电话,他拒绝接听。2 个月后,老张仍然拒绝返岗,该镇党委对老张作出了警告的纪律处分。请问,如果党员违反纪律,对党员可以作出哪几种处分呢?

解析

在日常生活和工作中，共产党员应当时刻发挥先锋模范作用，党委对党员有更为严格的纪律标准。中国共产党自建党之日起，十分注重党的纪律建设，全体共产党员要始终贯彻全面从严治党要求，时刻把规矩和纪律放在突出位置。《中国共产党纪律处分条例》更是给党组织和党员划出了一条不可触碰的红线，一旦党组织或党员违反相关纪律，就应视情节给予一定的处分，这样才能提高党的执政能力和领导水平，才能使党员奋发图强、廉洁奉公，进而加强党防范腐败、抵御风险的能力。

根据《中国共产党纪律处分条例》第 8 条的规定，对党员的纪律处分主要有以下 5 种：(1)警告；(2)严重警告；(3)撤销党内职务；(4)留党察看；(5)开除党籍。其中，警告是一种最轻的党纪处分，目的是提醒告诫违纪的党员，督促其认识并改正错误。

在本案中，老张作为一名驻村党员干部，应当始终将村民的利益摆在第一位，不能因为个人利益得失就置自己的本职工作于不顾。老张仅因为没有当选模范干部就意气用事，不接受组织领导，拒绝继续工作。这样的行为严重损害了党员在群众心目中的形象，违反了相关工作纪律。鉴于此，镇党委建议给予老张警告的纪律处分，该处分是合情合理的。

依据

《中国共产党纪律处分条例》第 8 条

32 党员在公开场合和公共媒体上发表不当言论会受到怎样的处理?

疑惑

老吴是某乡镇党委一名老党员干部,年轻的时候就愤世嫉俗,总是喜欢不加思考就对事情发表意见、看法,别人怎么劝说也改不了这个毛病。最近,某省出台了一项出租车管理规定,老吴的朋友老谢对此规定的某些条款不是非常认同,便与老吴谈论起此事。听了老谢的话,老吴深以为然,并借此题发挥,在自己的朋友圈和微信群发表了一篇关于抨击经济改革的文章。同事小刘看到老吴的朋友圈,好心提醒他,作为一名党员干部和公职人员,在朋友圈发表这样的言论不太合适,并且文章中的一些描述与事实也存在差距,应当赶快删除。老吴听到劝告后非但没有接受建议,反而说小刘太年轻,不懂事。请问,党员是否可以在公开场合和媒体上发表不当言论?会受到怎样的处理?

解析

我国宪法和法律保护公民的言论自由权,但是,言论自由并不意味着可以随意发表任何言论。公民必须在合法的限度内行使自己的言论自由权,公民的言论不得损害国家利益、集体利益和他人合法权益,尤其是作为一名党员干部,更应当时刻保持政治敏锐性,不发表不当言论。

当前,新媒体使用的便捷性给公民提供了更多发表言论的渠道,然而,在任何媒体平台上发表言论都必须在法律允许的范围内。自己的媒体账号也不可以随意放言,否则,不当言论在朋友圈等公共媒体平台传播、扩散,容易引发外界的恶意解读,从而造成恶劣影响,破坏党和政府的形象。《中国共产党纪律处分条例》也对共产党员在信息网络平台发表文章的范围作出了限制性规定,该法第45条第1款明确规定,通过信息网络、论坛等方式,公开发表反对党的改革开放决策的文章、演说、宣言、声明等,给予开除党籍处分。由此可知,共产党员不得在网络媒体上公开发表坚持资产阶级自由化立场、反对四项基本原则,反对党的改革开放决策的文章等。

在本案中,老吴的做法是错误的。老吴作为一名共产党员和公职人员,要坚决维护党和国家的形象,言行举止要与党中央保持高度一致,不应在微信朋友圈对党和国家的方针政策妄加评论。他在朋友圈和微信群发表关于抨击经济改革的文章,严重破坏党和政府的形象。

小刘发现了老吴朋友圈里的不当或反动言论，可以对老吴进行批评教育，必要时还可以向有关部门举报，相关部门会给予老吴纪律处分，情节严重的，还可能判处行政、刑事处罚。

依据

《中国共产党纪律处分条例》第 45 条第 1 款

33 如果隐瞒了入党前的严重错误，会受到怎样的党纪处分？

疑惑

杨某是南方某省人，2003 年跟着亲戚来到北方做生意，之后便在北方留了下来。2008 年，他与北方某村女子结婚，便定居在该村。杨某勤劳能干，也很有经济头脑，日子过得红红火火，他家是该村数一数二的富户。生活条件好了，杨某便带动全村村民致富，帮助村民建设大棚，自掏腰包为村民修路等，受到广大村民的一致好评。2018 年，杨某被推荐加入中国共产党。但是，2020 年，该村党支部收到一封举报信，称杨某在南方老家因过失伤人受过刑事处罚，杨某入党时没有向党组织如实交代自己的过去，隐瞒了严重错误。后经核实，关于杨某的举报内容属实。请问，杨某隐瞒了入党前的严重错误，应当受到怎样的党纪处分？

解析

共产党员的身份是无上光荣的。加入党组织，必须如实报告自己的情况。然而，有一些人害怕自己被拒之门外，往往会隐瞒一些“不光彩的事”，这种不实事求是的行为，反而会使自己得不偿失，偏离入党的道路。对此，《中国共产党纪律处分条例》第 73 条第 3 款规定：“隐瞒入党前严重错误的，一般应当予以除名；对入党后表现尚好的，给予严重警告、撤销党内职务或者留党察看处分。”由此可知，隐瞒党组织的行为实属对党不忠诚的行为，其在思想上就不具备入党资格，通常会被党组织予以除名。

本案中，杨某入党时没有向党组织交代自己受过刑事处罚的行为，是对党组织的不忠诚，依照《中国共产党纪律处分条例》第 73 条第 3 款之规定，应将其从党员中除名，鉴于杨某表现良好，积极带领当地群众致富，党组织可以保留其党员身份，但应对其处以留党察看 1 年的处分。

依据

《中国共产党纪律处分条例》第 73 条第 3 款

34 党员领导干部没有将检举材料如实上报，会受到怎样的党纪处分？

疑惑

岳某是一名老党员干部，多年来踏实勤奋，兢兢业业，工作能力得到领导和同事的一致认可，2018 年，他被提拔为某乡镇党委书记。但是，自岳某走上“一把手”岗位，在众人的“吹捧”下，开始变得心浮气躁，忘记了作为一名共产党员的初心。2021 年 8 月，岳某接到一封关于本镇副镇长王某的举报信，信中记述王某利用职务之便侵害他人利益，谋取非法财物的情况。岳某找王某了解情况时，王某偷偷塞给岳某 5 万元感谢费，希望岳某能把这件事压下来。面对金钱的诱惑，岳某答应王某扣留举报材料，并警告他以后要有所收敛。后来东窗事发，王某和岳某都受到了应有的处分。请问，对岳某私自扣留举报信件的行为应当受到怎样的党纪处分？

解析

举报，是指将他人的违法行为向有关部门举报，其目的在于揭发检举违法人的违法行为,使违法行为人能够得到相应的处罚。反腐倡廉工作中,不少反腐败线索就来自公民的举报。国家鼓励和保护检举,严禁阻挠、压制检举。无论哪级党委政府,收到公民的检举材料应当及时上报,配合有关部门进行调查,让违法行为人受到党纪国法的惩治。对私自扣压、销毁等阻碍检举的行为,行为人同样会受到党纪国法的制裁。《中国共产党纪律处分条例》第79条第1款第1项规定,对批评、检举、控告进行阻挠、压制,或者将批评、检举、控告材料私自扣压、销毁,或者故意将其泄露给他人的,视违法行为严重程度给予相应的处分,也就是说,任何人不得将批评、检举、控告材料泄露、扣压或者销毁等,违法的共产党员会受到相应的党纪处分。

本案中,岳某作为某乡镇党委书记,无视党纪国法,私自扣压了关于王某的举报信件,还因此收受了王某的财物,其行为违反了《中国共产党纪律处分条例》。同时,岳某收受礼金的行为触犯了我国《刑法》关于受贿罪的相关条款。因此,应当根据岳某的违法情节作出相应的党纪处分和刑事处罚。

依据

《中国共产党纪律处分条例》第27条、第79条第1款

《刑法》第385条

35 党员干部接受企业老板提供的“好处”，会受到怎样的党纪处分？

疑惑

钱某是某乡镇党委书记，也是一名几十年党龄的老党员。该乡镇是工业重镇，有很多工业企业。近期，上级部门向该乡镇拨付了一笔重点项目扶持资金，由镇党委负责对辖区内企业进行考察，制订扶持计划，合理分配扶持资金。该乡镇的一家轮胎制造企业老板张某为了获得更多的扶持资金，便主动与钱某结交，经常宴请钱某，并赠送他一些名贵物品。恰巧，钱某的儿子今年刚刚考上大学，钱某想带着自己的父母一起到儿子学校所在地旅游，张某知道后，便为钱某一家的出行提供了高标准安排。之后，该轮胎企业果然被分配到了更多扶持资金。不久，钱某接受张某“好处”的行为被人举报。请问，钱某接受企业老板的“好处”，会受到怎样的党纪处分？

解析

党风廉政建设一直在路上，党员干部，尤其是领导干部要时刻坚守纪律底线，做清正廉洁的表率。党规党纪体现的是党的理想信念，党纪严于国法,是每一名党员不可逾越的底线。自党的十八大以来,虽然持续不断加强党风廉政建设,但仍有一些党员干部无法抵挡金钱的诱惑,做出违法违纪的行为,这必然要付出沉重的代价。针对党员领导干部接受与自己存在合作关系、管理关系、服务关系人员的娱乐安排或旅游项目安排的,《中国共产党纪律处分条例》作出了专项处分规定,根据该条例第92条的规定,接受、提供可能影响公正执行公务的宴请或者旅游、健身、娱乐等活动安排,情节较重的,给予警告或者严重警告处分;情节严重的,给予撤销党内职务或者留党察看处分。由此可知,党员干部不得接受可能影响公正执行公务的宴请、旅游、健身、娱乐等活动安排。此外,根据《刑法》第385条的规定,如果非法收受他人财物,利用职务之便为他人谋取利益,还可能涉嫌受贿罪。

本案中,钱某作为某镇党委书记,负责此次项目扶持资金分配任务,接受了有利害关系的企业负责人张某的宴请和旅游安排等,其行为严重违反了《中国共产党纪律处分条例》和《刑法》的相关规定,构成了受贿罪,应当对其作出相应的党纪处分和刑事处罚。

依据

《中国共产党纪律处分条例》第92条

《刑法》第385条

36 超标准进行公务招待，会受到怎样的党纪处分？

疑惑

马某是一名中共党员，现为某乡镇党委书记。马某一心扑在工作上，个人爱好较少，但工作之余喜欢到高档餐厅吃饭、喝高级酒。2021 年 9 月，邻市宣传部门到该市进行交流学习，其间来到马某所在乡镇参观学习党建工作，马某作为对口单位领导负责接待。为了满足个人喜好，马某将交流学习一行人安排在当地高档餐厅吃饭，席间还饮用了进口红酒和名贵白酒，总计花费 5000 余元。事后，他让会计做假账，以掩盖他超标准接待的问题。会计害怕出事，便向纪检部门举报了马某的违法行为。请问，马某超标准公务接待，应当受到怎样的党纪处分？

解析

超标准公务接待一直是党重点整治的内容，中央八项规定等纪律规范明确提出不得超标准公务接待，不得借接待机会大吃大喝，但仍有部分党员参与违规公务接待。《中国共产党纪律处分条例》第

106 条对公务接待问题作出了明确的处分规定,违反公务接待管理规定,超标准、超范围接待或者借机大吃大喝,对直接责任者和领导责任者视情节轻重作出相应的党纪处分。由此可知,任何党员干部不得超标准进行公务招待,严厉的党纪处分为广大党员干部和公职人员敲响了警钟。

本案中,马某作为中共党员,违规安排公务接待,借公务接待机会满足个人私欲,既挥霍浪费了国家、集体财物,也违反了中央八项规定精神,背离了我党艰苦奋斗的优良作风,损害了党在群众心目中的良好形象,必须按照《中国共产党纪律处分条例》严肃处理,给予其警告或者严重警告的党纪处分。

依据

《中国共产党纪律处分条例》第 106 条

37 为群众办事时“吃拿卡要”的,会受到怎样的党纪处分?

疑惑

小郭大学时入党,毕业后考上了公务员,到某乡镇党委工作。经过几年历练，综合素质较高的小郭得到提拔。然而，走上领导岗位的小郭开始“飘飘然”，面对办事企业和群众没有了原来的热情，而是端起了“官架子”。一些企业为了顺利办成事，逢年过节会送给小郭一些礼品，这让小郭越发膨胀，从被动接受逐步转化为主动索要，最后演变为不给好处就不办事。一次，某企业想要更换已经到期的许可证，小郭因为企业没给他送礼就迟迟拖延不办，直至该企业为小郭报销了一张价值2000元的饭店发票，许可证才得以更换。不久，纪检部门接到了关于小郭“吃拿卡要”的举报信。请问，针对小郭为群众办事时“吃拿卡要”的行为，应当给予怎样的党纪处分？

解析

党风廉政建设是一项需要长期开展的工程。虽然我们党一直进行作风问题整顿，但仍有一些党员干部不知收敛，运用自己手中的权力“吃拿卡要”，收受群众好处，甚至不给好处就不办事，借办公事之机刁难群众。归根结底，就是因为这部分党员的思想认识出现了问题，为人民服务的意识逐渐淡化。为了严肃整治损害群众利益的这一行为，强化党员干部为人民服务的意识，《中国共产党纪律处分条例》第112条第1款第5项对此种行为作出了专门规定，如果有党员干部办理涉及群众事务时刁难群众、“吃拿卡要”，情节较轻的，对直接责任者和领导责任者给予警告或者严重警告处分；情节较重的，对直接责任者和领导责任者给予撤销党内职务或者留党察看处分；情节严重的，对直接责任者和领导责任者给予开除党籍处分。

本案中,小郭在工作职责范围内应当及时、高效地为企业、群众办理相关事宜,而不是利用手中的权力谋取私利。小郭作为一名党员领导干部,"吃拿卡要"的行为严重违反了党员纪律,应当视情节轻重对其作出警告甚至开除党籍的纪律处分。

依据

《中国共产党纪律处分条例》第112条

38 党员干部为追求政绩盲目进行项目建设,造成国有资产浪费的,会受到怎样的党纪处分?

疑惑

老高是一名老党员,多年来工作认真负责,从小科员一路提拔至某县党委书记。2020年是老高担任该县党委书记的第8个年头,他看着周围比他年轻的同志纷纷成长、提拔起来,自己却一直在原岗位上没有任何变动,心里觉得很不是滋味。经过思考,老高觉得可能是因为自己没有突出的业绩,不被领导认可。老高认为旅游开发是近两年工作的热点,容易做出政绩。于是,老高决定在本县搞一次旅游发展大会,不顾其他干部的反对,照抄照搬了南方某市的做法。投资几千万元在本县某镇打造了一大片花海,改造了废弃多年的厂房,用以吸引游客发展旅游经济。但是,该县地处北方,气候寒冷,花期较短,而且该项目缺乏合理规划,没有配套的基础设施建设。最终,旅游发展大会只成为一种形式,没有给当地经济发展带来促进作用,反而造成了国有资产的巨大浪费。请问,对老高这种为追求政绩而盲目投资项目的行为,应当受到怎样的党纪处分?

解析

所谓政绩,就是领导干部在任期内,履行自身职务所取得的成绩。领导干部要树立正确的政绩观,始终把群众的需求摆在第一位,而不是通过“做秀型”政绩为自己的提拔升迁铺路。目前,个别党员领导干部政绩观扭曲,缺乏大局意识和担当能力。为了搞政绩,不顾一切,期望借此得到上级领导的赞许,然而结果往往不尽如人意,不但没有做出政绩,反而浪费了国有资产。对这种盲目举债、铺摊子、上项目,搞劳民伤财的“形象工程”“政绩工程”,致使国家、集体或者群众财产和利益遭受较大损失的行为,根据《中国共产党纪律处分条例》第 117 条的规定,应当对直接责任者和领导责任者进行相应的党纪处分,一般情况是给予警告或者严重警告,情节严重的,还可能受到撤销党内职务、留党察看或者开除党籍的处分。由此可知,党员领导干部如果一心想着出彩头,脱离实际、脱离群众、脱离调查研究,即使能得到一时的政绩“光环”，但置人民群众利益于不顾，终将受到党纪国法的惩治。

本案中，老高作为该县党委书记，为了尽快做出成绩使自己得到升迁，脱离实际、脱离群众、脱离调查研究，盲目进行旅游发展大会项目建设，最终没有取得任何成效，造成国家财产重大损失，人民利益受损，应视情节处以相应的党纪处分。

依据

《中国共产党纪律处分条例》第 117 条

39 政策扶持时党员对亲属搞特殊优待的，会受到怎样的党纪处分？

疑惑

小黄是某镇政府农业站站长，刚参加工作时就加入了共产党，目前，已经在该镇工作了 10 余年。2020 年 3 月，省级农业部门打算向该省贫困农户发放农业机械补贴，帮助农民进一步改善生产条件。根据文件精神，乡镇一级政府需要对辖区内符合条件的贫困农户进行统计，小黄负责统计本乡镇贫困农户并进行资格审查。小黄的三舅在该镇居住，听说此事后，便找小黄帮忙，但是三舅家并不符合发放农业机械补贴的标准。小黄心想，三舅平时也不经常找自己帮忙，就算在名单内偷偷加上一个不符合条件的人也看不出来，便将三舅加在了发放补贴的名单内。2021 年 8 月，上级纪检部门巡察该镇时发现了小黄对亲属搞特殊优待的问题。请问，政策扶持时优待亲属的党员，会受到怎样的党纪处分？

解析

党员干部要时刻牢记自己的初心使命，不能利用手中的权力为本人或者亲属谋取不正当利益。利用特殊身份搞特殊优待，谋取非法利益，不但违反了法律规定，还严重破坏党组织的形象，违反党规党纪。根据《中国共产党纪律处分条例》第 114 条的规定，在社会保障、政策扶持、扶贫脱贫、救灾救济款物分配等事项中优亲厚友、明显有失公平的，根据情节严重程度给予相应的党纪处分。社会保障、政策扶持、扶贫脱贫、救灾救济款物分配等，关乎基层群众的基本生活保障，基层组织和党政干部应当严格按照上级的工作要求和工作标准落实任务，不得搞特殊，优待亲属或朋友，否则，党组织将视情节轻重，对其处以相应的处分。

本案中，小黄上报农业机械补贴名单时，利用职务上的便利，将不符合条件的三舅加入补贴名单，侵占了国家、集体财产，其行为严重违反了《中国共产党纪律处分条例》，将受到警告甚至开除党籍的纪律处分。

依据

《中国共产党纪律处分条例》第114条

40 党员干部在危急时刻畏难不前，导致群众生命健康受到威胁的，会受到怎样的党纪处分？

疑惑

老刘是某镇刘家村的村干部，也是村党委成员之一。2020年春节期间，新冠肺炎疫情暴发，各地进入紧急疫情防控状态。刘家村的隔壁村恰巧为疫情集中暴发区，由于距离疫情暴发地区很近，上级要求，大年初二刘家村的全体党员干部要立即上岗，做好全面疫情防控工作。老刘的任务是将疑似感染病例运送到集中治疗点，他对自己的工作任务表示不满，但村里会开车的人不多，领导要求老刘一定克服困难，帮助村民共渡难关。老刘觉得自己离病患距离太近，受到感染的风险极高，便没有服从领导的命令。本村的疑似病例李某最终确诊,却由于老刘的畏难不前,贻误了最佳治疗时机,导致病情加重。请问,党员干部在危急时刻畏难不前,导致人民群众生命健康受到威胁的,会受到怎样的党纪处分?

解析

中国共产党员是中华民族的先锋队,危急时刻应当挺在前面,保护国家财产和人民群众生命财产不受威胁。党员干部,尤其是党员领导干部,更应充分发扬党员干部冲锋陷阵的作风,不惧一切困难和危险保护国家和人民利益。这既是党章、入党誓言对党员的基本要求,也是我们党的一项严明纪律,违反这一纪律的共产党员,必将受到党纪处分。《中国共产党纪律处分条例》第 118 条规定,国家财产和群众生命财产受到严重威胁时,党员干部能救而不救,应视情节受到相应的处分。由此可知,作为一名党员,必须时刻将人民群众的利益放在首位,随时准备为党和人民牺牲一切,绝对不可“能救而不救”。如果党员在危急时刻做一名“看客”或者“过客”,最终将受到党纪处分。

本案中,老刘作为一名村干部,更作为一名中共党员,在疫情面前,却因为个人私利不服从组织安排,不能顾全大局,自己的不作为导致人民群众的生命健康受到威胁,这样的行为严重违纪,党组织可以视情节轻重,对其予以相应的处分。

依据

《中国共产党纪律处分条例》第118条

41 党员干部生活奢靡，贪图享乐，造成不良影响的，会受到怎样的党纪处分？

疑惑

小王是某乡镇的党员干部,已经在乡镇工作了近10年。小王家境富裕,从小养成了花钱大手大脚的习惯。虽然一直在乡镇工作,但他仍然没有改掉富家公子的做派,经常出入当地的高级会所和高级餐厅,甚至还到夜店吃喝玩乐。一次,小王过生日,他在当地最豪华的酒店订了高级套房,邀请了很多朋友一起庆生,席间还有很多年轻女士陪酒。宴会结束之际,小王的朋友在酒店门口因为停车问题与他人发生了激烈的争吵,最后演变为打架斗殴事件,在当地造成了很恶劣的影响。之后,有人向纪检部门举报,小王生活奢靡,贪图享乐,没有保持共产党员艰苦朴素的作风,不是一名合格的共产党员。请问,小王作为一名党员干部,生活奢靡,贪图享乐,造成不良影响的,应当受到怎样的党纪处分?

解析

日常生活中,一些党员干部思想不端正,生活奢靡,贪图享乐,败坏了党的形象和风气。需要强调的是,党员干部的行为不仅是个人行为,也代表党组织。如果党员干部生活奢靡,贪图享乐,那么党组织在人民群众心中的廉洁为公、勤俭节约的形象就会大打折扣,为此,党组织一贯要求党员干部必须保持艰苦朴素的优良作风。《中国共产党纪律处分条例》第 134 条明确规定,生活奢靡、贪图享乐、追求低级趣味,造成不良影响的,应当受到警告或者严重警告处分;情节严重的,还将受到撤销党内职务的处分。

本案中,小王作为一名共产党员,应当发扬党员艰苦朴素的作风。小王平时贪图享乐,经常出入高级酒店,生日会上与他人打架斗殴,在社会上造成了不良影响,损害了共产党员在群众心目中的形象,应当受到相应的党纪处分。

依据

《中国共产党纪律处分条例》第 134 条

42 党员干部利用职务之便与他人发生不正当性关系，会受到怎样的党纪处分？

疑惑

小李是一名乡镇党员干部，已婚，是某乡镇的农业站站长。一次，小李带队对域内农业种子店进行检查时，认识了某种子店的朱女士。朱女士身材曼妙、容颜姣好，小李对朱女士非常喜欢，便交换了联系方式，经常与朱女士聊天。2020 年 6 月，区农业农村局要求对全部农资店开展专项检查行动。在此次行动中，朱女士的种子店有两种产品被鉴定为不合格产品。为了减轻处罚，朱女士找到小李帮忙，小李向朱女士暗示想与她发生性关系，之后会帮助她从检查档案中销账。朱女士遂与小李发生了不正当性关系，后小李害怕承担责任并没有帮朱女士销账，朱女士的种子店受到了重罚。事后，朱女士将此事举报到纪检部门。请问，小李与朱女士发生不正当性关系，会受到怎样的党纪处分？

解析

与他人发生不正当性关系是违反社会主义道德和家庭道德的行

为,更是违反党章党规党纪的行为。如果党员干部利用职务之便与他人发生不正当性关系,会给党组织、社会、双方家庭都造成严重负面影响,影响党员干部在群众心目中的光辉形象,此类行为必须严惩不贷。《中国共产党纪律处分条例》第 135 条规定,与他人发生不正当性关系,造成不良影响的,根据情节轻重给予相应的党纪处分。利用职权、教养关系、从属关系或者其他相类似关系与他人发生性关系的,应当从重处分。党员干部不得做有违公序良俗的事情,更不得利用职务便利与他人发生不正当性关系。同时,我国《刑法》第 236 条规定,以暴力、胁迫或者其他手段强奸妇女的,处 3 年以上 10 年以下有期徒刑。如果党员利用职权威胁或强迫对方与自己发生不正当性关系,构成强奸罪的,还将受到刑事处罚。

本案中,小李作为一名乡镇党员干部,生活作风有问题,利用职务之便,与种子店的朱女士发生不正当性关系,是一种违法违纪的行为。根据《中国共产党纪律处分条例》,应当对小李作出加重的党纪处分。如果小李的行为构成强奸罪,还需要承担相应的刑事责任。

依据

《中国共产党纪律处分条例》第 135 条

《刑法》第 236 条第 1 款

43 被开除党籍的人，可以再次申请入党吗？

疑惑

付某是一名基层党员干部,任某村党支部书记。任职期间,付某贪图享乐,行政不作为,后因挪用公款、与他人发生不正当关系被举报到县纪委,在被判处有期徒刑的同时,该县纪委对其作出了开除党籍的纪律处分。服刑期间,付某认真检讨自己的行为,决定要洗心革面,重新做人。出狱后,付某靠在县城卖早餐维持生计,他吃苦耐劳,勤奋能干,慢慢地生意越做越大。生活富裕后,付某出钱帮助村里修路,改善各项基础设施,受到了村民的一致好评。随着年龄和阅历的增加,付某越来越想重新加入中国共产党,弥补之前的过失。请问,被开除党籍的人,可以再次申请入党吗?

解析

开除党籍是最严重的党纪处分,针对一些严重违纪、行为十分恶劣或者影响比较大的党员,党组织可以开除其党籍,取消其党员资格。但是,我们党一向秉持惩前毖后、治病救人的原则,被开除党籍的人如果真心悔过，是可以再次申请入党的。根据《中国共产党纪律处分条例》第13条的规定，“党员受到开除党籍处分，五年内不得重新入党，也不得推荐担任与其原任职务相当或者高于其原任职务的党外职务。另有规定不准重新入党的，依照规定”。由此可知，共产党员受到开除党籍处分，除另有规定不得重新入党外，5年之后可以重新申请入党。

本案中，付某受到开除党籍的党纪处分，但是付某真心悔过，勤劳致富，并且积极参与家乡建设，如果距离受到开除党籍处分的时间超过5年，付某是可以重新申请入党的。

依据

《中国共产党纪律处分条例》第13条

CHAPTER

2

第二章

村委会组织与村民自治建设

第一节 村 委 会

44 村委会的性质是什么?

疑惑

小吴出生在一个偏远的小山村,凭借自己的努力走出大山,考上了大学。经过 4 年的大学生活,小吴认识到家乡的落后之处,并下决心毕业以后回到家乡,参与家乡的建设。查阅许多资料以后,小吴发现,参加大学生村官考试是一个让他能够回到家乡工作的好途径。于是,经过一段时间的学习,小吴通过了大学生村官考试,成为家乡村委会的一名成员。请问,从法律上讲,村委会是一个怎样的组织?村委会的性质又是什么?

解析

我国《村民委员会组织法》第 2 条规定,村委会是基层群众性自治组织,开展选举、决策、管理、监督等工作时,应当严格遵循民主原则。所谓群众性自治组织,就是村民实现自我管理、自我教育、自我服务的组织。以村为单位设立村委会,不仅是我国《宪法》的要求,也是对我国群众性自治制度的贯彻和落实。设立村委会时,应当按照便于群众自治,有利于经济发展和社会管理的原则设立。需要注意的是,村委会虽然是群众性自治组织,依法属于村民自治范围内的事项,都应当由村民通过民主方式决定,但是,为了使村委会的工作开展得更加有组织性,仍需接受党的领导和支持以及政府的指导、支持和帮助。

依据

《村民委员会组织法》第2~5条

45 村委会由哪些人员组成?

疑惑

山水村拥有很长的历史,在多年的发展壮大下,山水村的人口越来越多,面积也越来越大。为了方便管理,当地政府决定将山水村划分为两个行政村,其中,一个村落保留山水村的村委会,另一个村落设立新的村委会。政府的决定下达后，山水村被划分成山水村和夏花村两个村落。夏花村的村民随即开展了村委会的选举活动。请问，村委会具体都由哪些人员组成？

解析

根据我国《村民委员会组织法》第 6 条的规定，村委会由主任、副主任和委员组成。法律并未对村委会的组成人数作出具体的限制规定，而是给出了 3 人至 7 人的人数范围。我国幅员辽阔，在实际生活中，不同的村落在人数、面积、生活习惯等方面存在或大或小的差异。决定村委会的具体人数时，应当遵循便于群众自治，有利于经济发展和社会管理的原则，并充分结合每个村落的具体情况。

本条规定中还需要注意两点：第一，选举村委会成员时应当注意保障妇女的权利。村委会成员中，应当有妇女成员。在某些村落中，重男轻女思想根深蒂固，妇女的权利难以得到保障。因此，我国法律对村委会成员中应具有妇女干部进行了强制性规定。第二，多民族村民居住的村应当有人数较少的民族的成员。村委会是村民的自治性组织，应当服务于全体村民，当一个村落中存在多民族村民时，人数较少的民族的权利可能会被忽视。因此，确定村委会成员结构时，也应当格外注意这一点。

此外，根据《村民委员会组织法》第 7 条的规定，村委会根据需要设人民调解、治安保卫、公共卫生与计划生育等委员会。当然，如果人口较少的村也可以不设置这些委员会，由村委会成员分工负责。

依据

《村民委员会组织法》第6~7条

46 村委会的职责有哪些?

疑惑

几个月前,张老汉的邻居老刘头准备翻建自家房屋。施工时,老刘头为了能早点儿把房屋建好,常常让工人工作到深夜,十分扰民。为了这件事,张老汉没少和老刘头闹矛盾。好不容易等到房屋建好了,张老汉发现老刘头的房屋建得过高,将张老汉的房屋挡得严严实实。张老汉不乐意了,要求老刘头把房屋拆了重建,老刘头毫不妥协,两人大吵一架。村委会听闻,赶忙前来劝阻。请问,村委会的职责有哪些呢?

解析

根据我国《村民委员会组织法》第8条、第9条的规定,村委会的职责主要包括以下几个方面。

第一，支持和组织村民依法发展各种形式的合作经济和其他经济，承担本村生产的服务和协调工作，促进农村生产建设和经济发展。

第二，依照法律规定，管理本村属于村农民集体所有的土地和其他财产，引导村民合理利用自然资源，保护和改善生态环境。

第三，尊重并支持集体经济组织依法独立进行经济活动的自主权，维护以家庭承包经营为基础、统分结合的双层经营体制，保障集体经济组织和村民、承包经营户、联户或者合伙的合法财产权和其他合法权益。

第四，宣传宪法、法律、法规和国家的政策，教育和推动村民履行法律规定的义务、爱护公共财产，维护村民的合法权益，发展文化教育，普及科技知识，促进男女平等，做好计划生育工作，促进村与村之间的团结、互助，开展多种形式的社会主义精神文明建设活动。

第五，支持服务性、公益性、互助性社会组织依法开展活动，推动农村社区建设。

第六，对多民族村民居住的村，村委会应当教育和引导各民族村民增进团结、互相尊重、互相帮助。

同时，履行职责时，村委会及其成员应当根据《村民委员会组织法》第 10 条的规定，遵守宪法、法律、法规和国家的政策，遵守并组织实施村民自治章程、村规民约，执行村民会议、村民代表会议的决定、决议，办事公道，廉洁奉公，热心为村民服务，接受村民监督。

依据

《村民委员会组织法》第8～10条

47 副村主任可由村两委班子内部选定吗?

疑惑

任某是某村的副村主任。不知不觉,任某也到了退休的年纪,即将离开副村主任的岗位。在任某退休前,村委会召开了内部会议,讨论副村主任的人选问题。村委会认为,村里不少年轻人外出打工,剩下的村民数量比较少,无法开展选举工作,便决定指定郭某担任副村主任一职。请问,该村委会的决定是否合法?副村主任可以由村两委班子直接内部选定吗?

解析

在我国,村委会每届任期为5年,任期届满后,需要对村委会成员进行换届选举。根据我国《村民委员会组织法》第11条第1款的规定,村委会的主任、副主任和委员应当由村民直接选举产生,除全体村民外的任何组织或者个人都无权指定、委派或者撤换村委会成员。这是因为村委会是村民的自治性组织，应当反映村民的意愿，成员只能由村民通过民主方式产生。

此外，如果村委会成员5年任期未满便发生了法律所规定的出缺情形，应当按照法定程序对村委会成员进行补选。根据我国《村民委员会选举规程》第8章第2条的规定，补选程序应当参照村委会选举投票程序，由村民集体投票对出缺职位进行补选。需要注意的是，对村委会成员进行补选时，应符合法律对村委会成员结构的限制条件。

在上面的案例中，任某因退休导致职务自行终止，此时村委会成员出缺。在这种情况下，应当由村委会主持对副主任一职的补选工作，而他们没有经过村民会议或者村民代表会议进行补选，直接进行了内定，这种做法是不合法的。

依据

《村民委员会组织法》第11条第1款

《村民委员会选举规程》第8章

48 村委会成员的任期要求是什么?

疑惑

向某是村里的生产能手,不仅让自己的家庭步入小康生活,还无私地将自己的生产经验分享给村民们,带领大家一起脱贫致富,村民们都很感谢他。村委会换届选举时,在大部分村民的提名下,向某被列入候选人名单。对村民们的信任和支持,向某非常感动,决定抓住这次机会,不辜负村民们的期望,十分诚恳地向大家进行了竞职陈述。经过村民投票,向某最终成为村委会的委员之一。得知竞选结果后,向某高兴之余,也想知道自己究竟能担任几届。请问,村委会成员的任期是几年?最多可以任职几届?

解析

我国《村民委员会组织法》第 11 条第 2 款规定了村委会的任期。每届村委会的任期为 5 年,当 5 年任期届满之时,应当及时举行换届选举。换届选举应当依照法律规定的程序由村民选举委员会组织进行。5 年的任职时长较为适中,既有利于村民对村委会成员的工作进行监督,也有利于保持村委会成员结构的相对稳定。

同时,《村民委员会组织法》还规定了村委会成员可以连选连任，也就是说，已经担任过村委会成员的人，依然可以成为换届选举中的候选人，参与新一届村委会成员的选举。但是，法律并未对村委会连选连任的上限作出具体规定，只要村委会成员有能力管理本村事务，且受到本村村民的支持，就可以参与村委会成员的选举。连选连任制度可以在一定程度上对村委会成员产生激励作用，促使村委会成员在任职期间能够更加认真负责地为村民服务，为本村的发展提供帮助，从而获得下一届村委会成员的参选资格。同样，为了避免村委会成员在连选连任制度下在任时间过长，导致其在本村的权力过大，法律也赋予了村民罢免村委会成员的权利。

在上面的案例中，向某的任期为 5 年，5 年期限届满后，向某不再担任原有职位。如果在换届选举中，向某仍然被村民推选为村委会成员，则可以继续在村委会任职 5 年，以此类推。

依据

《村民委员会组织法》第 11 条第 2 款

49 谁来组织村委会的选举工作？

疑惑

某村的村委会任期已满 5 年，即将进行换届选举。该村的村民认为这届村委会并没有满足村民的期待，希望尽快开始换届选举，以选出新的村委会成员。但是，村委会一直没有举行换届选举的意思。村民派代表前往村委会询问，村委会却表示他们并没有举行选举的职权。于是，村民决定自发举行村委会成员的换届选举活动，并互相号召村民参加自行组织的选举大会。请问，村民是否能够自行组织村委会的选举活动？根据法律的规定，应当由谁来组织村委会的选举工作呢？

解析

根据《村民委员会组织法》第 12 条的规定，由村民选举委员会来主持村委会的选举工作。村民选举委员会的成员由村民会议、村民代表会议或者各村民小组会议推选产生。根据《村民委员会选举规程》的规定，村民选举委员会的成员应当实行回避制度。回避的情况主要有两种：一是村民选举委员会成员被提名为村委会成员候选人，应当退出村民选举委员会；二是村民之间有近亲属关系的，不宜同时担任村民选举委员会成员。如果村民选举委员会成员因回避或其他原因退出或者出缺的,应当按照原推选结果依次递补,也可以另行推选。

在上面的案例中,该村的村委会任职期限届满,应当及时举行换届选举。换届选举应当由村民选举委员会组织进行,而不能由村民自行组织。该村的村民会议、村民代表会议或者各村民小组会议应及时推选出村民选举委员会的人选,并依照法定程序开展村委会换届选举工作。

依据

《村民委员会组织法》第 12 条

《村民委员会选举规程》第 1 章

50 如何推举村委会的候选人?

疑惑

某村的村委会成员共有 6 人,任职期间,每个人都在自己的职位上发挥了举足轻重的作用,为村民们带来了很多收益和好处。村委会任期届满,即将开展村委会的换届选举。村民们对本届村委会成员十分满意，认为下一届村委会还应当由他们来担任，并提议直接将本届村委会的6名成员作为候选人开展选举工作。请问，本届村委会的成员能否直接作为下一届村委会的候选人？开展村委会的选举工作时，应当怎样推举并确认候选人名单？

解析

根据我国《村民委员会组织法》第15条第1款和《村民委员会选举规程》第4章的规定，确定村委会候选人时，应当先由村民会议或者村民代表会议拟定村委会的职位和职数，再由村民选举委员会根据村委会主任、副主任、委员的职数，分别拟定候选人名额。需要注意的是，村委会选举采取差额选举制，候选人名额应当多于应选名额。最后，由登记参加选举的村民直接提名候选人，并根据拟定的候选人名额，按照得票多少确定最终的候选人名单。确定候选人名单时，应当从全村村民的利益出发，注重妇女权利的保障，无行为能力或者被判处刑罚的，不得提名为候选人。

在上面的案例中，该村的村委会任期届满，应当举行换届选举，并根据法定程序成立村民选举委员会，由村民提名确定候选人名单。即使本届村委会成员的工作成绩突出，也不得直接作为下一届村委会的候选人。

依据

《村民委员会组织法》第15条第1款

《村民委员会选举规程》第4章

51 村委会选举时，对人数和票数有何要求？

疑惑

章某在本村的村委会担任村委会委员一职，在职期间，章某工作态度可圈可点，工作表现十分优异。在村民的提名下，章某成为下一届村委会副主任的候选人。在竞职陈述中，章某充分表达了自己对村委会工作的热爱，并且讲述了未来科学治理本村的设想。村民们倾听了章某的竞职陈述后，对章某的治村理念十分认同，纷纷为章某投票，支持他担任副村主任一职。请问，村委会选举时，对参加投票的人数以及票数有哪些要求？

解析

根据我国《村民委员会组织法》第15条第2款的规定，有登记参加选举的村民过半数投票，选举有效；候选人获得参加投票的村民过半数的选票，始得当选。举例说明，某村有村民500人，其中，登记参加选举的村民有300人。选举该村的村委会成员时，应当有超过150人参与投票，该选举才有效力。如果参与投票的村民有200人，候选人要当选,必须获得100张以上的选票。如果当选人数不足应选名额的,应当对不足的名额另行选举。在另行选举过程中,第一次投票未当选的人员得票多的为候选人,候选人以得票多的当选,但是所得票数不得少于已投选票总数的1/3。同时,根据《村民委员会选举规程》第6章第9条的规定,选举时应当注意保障妇女的权益。

在上面的案例中,章某要想通过选举担任副村主任,应当按照法律的规定,根据本村参与投票村民的具体人数,获得符合规定数量的选票才能当选。

依据

《村民委员会组织法》第15条第2款

《村民委员会选举规程》第6章

52 村委会选举时,自己选谁会被他人发现吗?

疑惑

马家村正在举行村委会的换届选举,通知村民于1周后正式开始投票。马某是马家村的村民,他的表哥洪某是村委会选举的候选人之一,准备竞选村委会委员的职位。在投票前,马某多次主动向洪某表示,出于亲戚情分,投票时他肯定会把选票投给洪某。到了投票当天,马某突然觉得与洪某竞争同一职位的孙某更适合。马某想将选票投给孙某,但又想到自己已经向洪某承诺会投票给他,如果洪某知道马某出尔反尔,会破坏亲戚之间的感情。马某对此很为难,他想知道,如果他悄悄地选了孙某,洪某会不会发现呢?

解析

根据我国《村民委员会组织法》第 15 条第 3 款的规定,进行村委会成员选举时,应当实行无记名投票、公开计票的方法,并设立秘密写票处。《村民委员会选举规程》第 6 章第 7 条对投票程序作出的具体规定也体现了《村民委员会组织法》第 15 条第 3 款的要求。村委会选举时,村民之间的关系都比较熟悉,村民的投票意愿很可能被面子、情分等原因所限制。采取无记名投票的方式,可以让村民甩开心中的包袱,投出真正符合村民意愿的选票,这种方式不仅有利于村民更好地实现自己的权利,也有利于保证村委会的廉洁性与公正性。

在上面的案例中,马某与候选人洪某是亲戚关系。如果投票时采取实名制,马某很可能碍于情面作出违背自己真实意愿的决定。而"无记名投票""设立秘密写票处"等做法可使马某无须顾虑与洪某之间的亲戚关系,遵循本心选择自己认为更适合的村委会成员人选。

依据

《村民委员会组织法》第15条第3款

《村民委员会选举规程》第6章

53 户籍不在本村的人，能在本村参加选举吗？

疑惑

最近，某村要进行村委会换届选举，工作人员小郑负责对参加选举的村民进行登记。居住在本村的老周非常乐于助人，经常帮助乡亲们解决困难，大家有事也都愿意找他，是本村公认的“热心肠”。村委会换届时，老周想参加村主任选举，可他是外乡人，10年前因做生意来到这里定居，但户口一直在老家没有迁移过来。老周不知道自己这种情况是否有资格参加本村选举，便找小郑咨询。小郑说，根据政策老周是可以参加本村选举的，前提是需要经过村民会议或村民代表会议的同意。请问，户籍不在本村的人，可以参加本村的村委会选举吗？

解析

村委会选举前,应当对参加选举的村民进行登记。根据我国《村民委员会组织法》第 13 条的规定,年满 18 周岁的村民都有选举权和被选举权,在村委会选举前,应当对所有参加选举的人员进行登记。原则上,参加选举的村民应当根据本人的户籍所在地进行登记,但是,户籍不在本村的村民,如果长期在本村居住(居住时间在 1 年以上),在满足条件的情况下也是可以申请参加选举的。

本案中,村民老周的户籍虽然不在本村,但是他已经在该村居住了 1 年以上,如果老周想参加村委会的换届选举,可以由他本人申请,经村民会议或者村民代表会议同意,便可以参加村委会的换届选举。因此,户籍不在本村的人,符合条件的也可以在本村参加选举。

依据

《村民委员会组织法》第 13 条

54 在外打工不能回村参与选举的村民，可以怎么办？

疑惑

王某出生于大石村，高中毕业以后，王某没能考上大学，便跟随叔叔离开家乡前往城市打工。在外打工 3 年以后，王某从村里的微信群得知，近期村里将举行村委会的换届选举工作。王某得知此事后十分高兴，这还是他成年以后第一次遇到村里的选举活动，他作为享有选举权的村民，不想错过这次行使权利的机会。但是，选举的日期正值工作日，王某的工作很繁忙，难以在选举期间请假回到家乡参加投票。请问，在这种情况下，王某可以通过怎样的方式参加选举投票呢？

解析

针对因客观情况无法参加投票的村民，法律规定了委托投票的方式。根据《村民委员会组织法》第 15 条第 4 款和《村民委员会选举规程》第 6 章第 3 条的规定，登记参加选举的村民，选举期间外出不能参加投票的，可以委托他人代为投票。需要注意的是，委托投票有以下几个限制条件:第一,必须采取书面形式,口头委托无效。第二,受委托进行投票的人必须是本村具有选举权的村民。第三,受托人与委托人应当是近亲属关系。第四,提名为村委会候选人的,不得接受委托。第五,每一登记参加选举的村民接受委托投票不得超过3人。只有同时符合以上限定条件,才可以进行委托投票。

在上面的案例中,王某因外出打工,无法在选举期间回到村里参加选举,又不想放弃自己的选举权。在这种情况下,王某可以书面委托具有选举权且不是村委会候选人的近亲属代为投票。虽然王某并非亲自行使选举权,但其近亲属所投出的选票应当符合王某的真实意愿。

依据

《村民委员会组织法》第15条第4款

《村民委员会选举规程》第6章

55 选举委员会应当在接到申诉几日内处理完毕并公布结果？

疑惑

小刘大学毕业后考上了公务员，在某镇从事基层党建工作。上班第2年，恰好赶上村委班子换届，小刘作为包村干部，全面指导村委换届工作。6月1日，该村将参加选举的村民名单进行了公示，公示后第3天，村民选举委员会便接到了一名村民的举报信。信中称，参加村主任选举的庄某是一个工程公司的包工头，存在拖欠农民工工资的行为。小刘认为事关重大，立即向上级领导汇报，商讨处理意见。请问，村民选举委员会接到申诉后，应当在几天内处理完毕并公布处理结果呢？

解析

村委会选举应当遵循公平、公正、公开的原则，任何组织和个人不得干涉村委会的选举。按照选举程序，参加选举的人员名单应当经过一段时间的公示，他人对参选人员没有异议才可进行选举。我国《村民委员会组织法》第14条规定，参加选举的村民名单应当在选举日的 20 日前予以公布，公布后有 5 天的公示期，如对名单内人员存在异议，可以在公示期内向村民选举委员会申诉，村民选举委员会应当在 3 日内作出处理决定。

本案中，村民选举委员会接到关于参选人员庄某的举报信后，应当立即对相关情况进行调查核实，在接到举报信 3 日内作出处理决定并公布处理结果。

依据

《村民委员会组织法》第 14 条

56 通过贿赂手段当选村主任的，选举结果有效吗？

疑惑

小林是某村村民选举委员会工作人员，选举结束后，该村村民王某成功当选村主任。但是，选举日当晚小林接到了一个匿名举报电话。电话中称，该村村民王某为了能够成功当选村主任，在选举开始前一个月，在本村进行拉票，挨家挨户走访，向村民发放“选票费”每人200元,并声称成功当选后再给每人发放1份米面油作为感谢。小林就电话中所述内容立即向上级领导汇报,并会同相关部门对此事进行了核实调查。经调查,发现王某确有拉票行为。请问,选举的结果是否继续有效?王某能否当选村主任呢?

解析

村委会换届选举是农民政治生活中的一件大事,必须严格规范,任何人不能通过不正当手段干扰村民行使选举权和被选举权。《村民委员会组织法》第17条规定,对以暴力、威胁、欺骗、贿赂、伪造选票、虚报选举票数等不正当手段,妨害村民行使选举权、被选举权,破坏村委会选举的行为,村民有权向有关主管部门举报。经查证属实,确实存在以暴力、威胁、欺骗、贿赂、伪造选票、虚报选举票数等不正当手段当选村委会成员的,当选无效。

本案中,村民选举委员会接到关于参选人王某“贿选”的举报电话,应当组织人员进行查证。由于王某确实存在贿赂村民的行为,该行为严重扰乱了正常的选举秩序,因此,选举结果无效,王某不能当选村主任。

依据

《村民委员会组织法》第17条

57 依法被判处刑罚的村委会成员，还可以继续任职吗？

疑惑

赵某是村委会的成员之一，任职期间一直恪尽职守，很受器重。过年期间，赵某与许久未见的几个朋友聚会，聚会结束时已是深夜。赵某在聚会中喝了一点酒，朋友提出要送他回家，但赵某认为自己神志清醒，便抱着侥幸心理自己开车回家。在回家的路上，赵某不慎将路边正常行走的行人撞倒，行人当场死亡。事后经过检测，当事故发生时赵某尚未达到醉酒的标准。由于赵某认罪态度良好，积极对受害者家属进行赔偿，最终以交通肇事罪被判处 1 年有期徒刑，缓期 2 年执行。判决结果下达后，赵某依法进行社区矫正。请问，在这种情况下，赵某还可以继续在村委会任职吗？

解析

根据我国《村民委员会组织法》第 18 条和第 19 条的规定，当村委会成员被判处刑罚时，其职务自行终止，出缺职位应当进行补选，也就是说，一旦村委会成员被判处刑罚，就不再担任村委会的职务，且不能作为新一届村委会的候选人。出缺职位应当按照法定程序进行补选。根据《村民委员会选举规程》第8章第2条的规定，补选程序参照村委会选举投票程序进行，并根据补选成员人数的不同由不同的组织来主持村委会成员的补选工作。

在上面的案例中，赵某以交通肇事罪被判处1年有期徒刑，缓期2年执行。虽然赵某并未完全被限制人身自由，但其违法犯罪的事实是不会改变的。因此，根据法律的规定，赵某在村委会中所担任的职务自行终止，应当由村委会主持补选程序。并且，所补选的村委会成员的任职期限并非5年，而是以赵某剩余的任职期限为准。

依据

《村民委员会组织法》第18～19条

《村民委员会选举规程》第8章

58 罢免村委会成员的程序是什么？

疑惑

小朱是某镇党建办公室的工作人员。一天，该镇黑山村村民拿着举报材料找到他，称现任村主任杨某上任后没有为村民办实事，反而经常滥用职权，损害村民利益，村民都想让杨某下台。小朱收到的举报材料共有两份：其一是举报信，详述了村主任杨某的各种违法违规行为；其二是该村 860 名村民（该村村民总数为 1100 人）的集体签名，要求罢免杨某。小朱没有相关问题的处置经验，便立即向领导请示汇报。请问，仅凭这些举报材料可以对现任村主任进行罢免吗？罢免村委会成员的程序是什么？

解析

村委会成员应当接受村民监督，村民对违法乱纪或者严重失职的村委会成员，有权检举或者提出罢免要求。我国《村民委员会组织法》第 16 条对相关罢免程序作出了严格的规定，即本村 1/5 以上有选举权的村民或者 1/3 以上的村民代表联名，可以提出罢免村委会成员的要求，并说明要求罢免的理由。同时，被提出罢免的村委会成员有权提出申辩意见。此外，罢免村委会成员，需要经过选举时登记参加选举的村民过半数投票，并须经投票的村民过半数通过，这样才能完成罢免。由此可知，对村委会成员的罢免必须符合相应程序，满足相关条件。

本案中，根据法律规定，黑山村的村民代表携带的相关材料，符合对现任村主任杨某提出罢免的条件，860 名村民的联名已经超过了本村 1/3 的村民总数（1100 人），而且举报信中详细说明了要求罢免的理由。但是，罢免必须经过集体决议，要有选举时登记参加选举的村民过半数参与投票，并且过半数同意才可以罢免。

依据

《村民委员会组织法》第16条

59 村委会成员的任期和离任经济责任审计包括哪些事项？

疑惑

某村经过村民民主选举，确定了该村村委会的成员。任职期内，村委会成员尽职尽责，带领村民发展养殖业，让不少家庭脱离了贫困。村民因此很支持本届村委会的工作，也希望村委会的成员们可以继续在村委会任职。然而，5年时间很快过去，该村即将进行村委会的换届选举工作。不久前，当地政府通知该村村委会，要在下次换届选举前对村委会成员进行经济责任审计。请问，村委会成员的任期和离任经济责任审计是什么意思？具体都包括哪些事项？

解析

村委会经济责任审计是我们国家为了保障村委会工作秩序所提

出的要求，主要包括两个方面的内容：村委会任期内的经济责任审计和离任时的经济责任审计。离任时的审计不仅包括任期届满时的审计，还包括罢免、辞职、职务终止等其他离任情况的审计工作。离任的村委会成员经过离任经济责任审计才能解除在村委会任职期间的经济责任。这一规定有利于加强村委会工作的廉政建设，保障村民的合法利益。

对村委会成员实行的经济责任审计主要包括下列事项：(1)本村财务收支情况；(2)本村债权债务情况；(3)政府拨付和接受社会捐赠的资金、物资管理使用情况；(4)本村生产经营和建设项目的发包管理以及公益事业建设项目招标投标情况；(5)本村资金管理使用以及本村集体资产、资源的承包、租赁、担保、出让情况，征地补偿费的使用、分配情况；(6)本村 1/5 以上的村民要求审计的其他事项。

组织经济责任审计的主体为县级人民政府农业部门、财政部门或者乡、民族乡、镇的人民政府，这样能够最大限度地保证审计结果的真实性与公正性。需要注意的是，离任经济责任审计的结果应当在下一届村委会选举之前公布，这是法律的硬性规定。这样规定有利于下一届村委会成员上任后，能够快速完成工作交接，也能够保证下一届村委会成员审计工作的顺利开展。

在上面的案例中，该村本届村委会任期即将届满，按照换届选举程序，应当按照上级政府部门的要求提供相关的档案资料，以顺利完成经济责任审计工作。

依据

《村民委员会组织法》第35条

60 村里哪些事项是必须公开的?

疑惑

小武是一位有理想、有抱负的青年,大学毕业后考上了公务员,他主动申请到贫困村工作,想帮助村民脱贫致富。经过组织分配,小武来到本地的落后贫困村山口村工作。这里的村民思想和生产方式都非常落后,小武认为,只有精神富起来,口袋才能鼓起来。于是,他准备从村里宣传公开栏着手,强化对村民的思想引领。但是,小武很快发现,村里的宣传公开栏一直都是空荡荡的,就连最基本的村务公开事项都没有。小武找到山口村的村主任,告诉他应当将村内重大事项在公开栏张贴公示,保证村民相应的知情权。但是村主任说,就算张贴公开信息也没有多少人看,还不够浪费纸的呢。小武告诉村主任,有一些事项是必须公开的。他利用1周的时间对近期本村的重大事件进行了整理,将公开信息张贴在公开栏。请问,村里的哪些事项是必须公开的呢?

解析

村委会必须保证村民的知情权，要自觉接受村民的监督，所以，村委会对村内重大事项必须及时公开。一般来说，凡是村民关心的热点问题以及村里的重大问题都应向村民公开。《村民委员会组织法》第 30 条规定，村委会实行村务公开制度，对 5 类事项必须公开。一般事项至少每季度公布 1 次；集体财务往来较多的，财务收支情况应当每月公布 1 次；涉及村民利益的重大事项应当随时公布。同时，村委会应当保证所公布事项的真实性，并接受村民的查询。由此可知，涉及村民重大利益及村民普遍关心的问题应当及时进行村务公开，并且应保证所公布的事项是真实的。坚决反对因履行村务公开程序，蓄意编造事实欺骗村民的行为。

本案中，山口村的村主任不能觉得没有村民看公开栏，就自作主张不对村内的重大事项进行公开。小武的做法是正确、合法的，只有通过村务公开，逐渐引领村民解放思想，才能逐渐摆脱贫困，实现脱贫目标。

依据

《村民委员会组织法》第 30 条

61 村委会为了防止引起不必要的麻烦而不公开某些信息的后果是什么？

疑惑

某省为了促进经济发展，计划新修建一条高速公路。根据高速公路修建方案，修路需要占用某县张家村的部分土地，经过谈判，建设方将给予张家村1500万元征地补偿费。张家村村委会门口有一个村务公开栏，村里重大事项都会在公开栏中张贴公告。但是，补偿费已经拨付至村委会账上有半年多的时间，村民一直没有在公开栏中看到征地补偿费的使用、分配方案。张家村的会计向村主任建议，应当把补偿费的使用、分配方案向大家公开，但是村主任说，根据实际情况每家每户得到的补偿款都不一样，一旦把方案公开，如果得不到大家的理解反而会引起不必要的麻烦。请问，村委会可以为了防止引起不必要的麻烦而不公开某些信息吗？后果是什么？

解析

村委会有信息公开的义务，对应当公开的信息，都应当及时、如实公布。根据我国《村民委员会组织法》第31条的规定，如果村委会不及时公布应当公布的事项或者公布的事项不真实的，村民有权向乡、民族乡、镇的人民政府或者县级人民政府及其有关主管部门反映，有关部门应当进行调查，如发现存在违法行为，相关人员应当依法承担责任。

本案中，征地补偿费的使用、分配方案属于村里重大事项，涉及每位村民的切身利益，按照规定应当对此事项有关决定进行公开，接受全体村民的监督。该村村委会主任因为每家每户得到的实际补偿费不一致，害怕引起不必要的麻烦而选择不公开征地补偿费的使用、分配方案，这样的做法是错误的。村民有权向乡、镇或县级人民政府反映相关情况。

依据

《村民委员会组织法》第 31 条

62 什么是村务监督机构？

疑惑

某村设立了村务监督委员会，村委会召开了村民代表会议，推选村务监督委员会的成员。本村村民王某以前在某国企担任会计一职，自结婚生子后，便辞职在家专心照顾家庭。王某平时为人热心，口碑很好。考虑到她有从事会计的经验，村民代表会议便推选王某担任村务监督委员会的成员。除了王某以外，村民代表会议还推选出其他几名成员，并由村委会将成员名单进行了公示，村民对村务监督委员会的成员构成也并未提出异议。请问，什么是村务监督委员会？每个村都必须设立村务监督机构吗？

解析

村务监督机构是在村民自我管理、自我教育、自我服务的过程中专门进行监督的组织。我国《村民委员会组织法》第32条规定，虽然并未对村务监督机构的名称以及成员结构作出具体的硬性要求，但明确规定每个行政村都应当设立村务监督机构。

村务监督机构的成员由村民会议或者村民代表会议在村民中推选产生。为了能够更好地对本村的村务进行更加专业有效的监督，村务监督机构的成员中应当有具备财会、管理知识的人员。除此之外，为了能够使监督更加公正客观，确定村务监督机构成员时还应当遵循回避制度，也就是说，村委会成员本人以及村委会成员的近亲属，包括其配偶、父母、子女、兄弟姐妹、祖父母、外祖父母、孙子女、外孙子女等，都不能担任村务监督机构的成员。除这些客观要求外，村务监督机构的成员还应当对本村事务抱有热情且富有正义感，能够公正地开展监督工作。

此外，村务监督机构的成员可以列席村委会会议，以更加直接地行使监督权。所谓列席，是指村务监督机构的成员在村委会会议中享有发言权，但不具有决定权。这样的规定一方面可以使村务更加公开透明，便于村委会接受监督；另一方面不会妨碍村委会的决策，扰乱村委会正常的工作秩序。

在上面的案例中，该村村民王某为人热心，群众口碑好，具有一定的财务工作经验和知识，非常适合担任村务监督委员会委员。另外，村民代表会议可以推选其他符合条件的人员加入村务监督委员会，以监督村委会工作。

依据

《村民委员会组织法》第 32 条

63 民主评议对村委会成员来说有何重要意义？

疑惑

某村的村委会共有 5 名成员，都是在换届选举以后新上任的，任期刚满 1 年。1 年来，村委会的成员工作认真负责，获得了大部分村民的支持与好评。但是,在对本村进行管理的过程中,难免有不能照顾全体村民意见的情况发生,也有不少村民对村委会的成员心存意见。除此之外,村民们也希望看到村委会这一年的工作内容以及明年的工作规划。于是,在本村村务监督委员会的主持下,村委会召开了村民会议,对村委会成员的履职情况进行了民主评议。请问,什么是民主评议?民主评议对村委会成员来说有什么重要的意义?

解析

民主评议制度是村民行使监督权的一种重要方式。根据我国《村民委员会组织法》第 33 条的规定,接受民主评议的对象主要是村委会成员以及由村民或者村集体承担误工补贴的聘用人员。民主评议制度不仅可以落实村民对村务的监督权,保障村民的利益,还有利于加强村务工作的廉政建设,督促村委会成员时时自省,提高村委会成员自身的觉悟,端正村委会成员的工作态度。除此之外,民主评议制度还可以在一定程度上促进农村的发展,维护农村的稳定。

根据法律规定,民主评议由村务监督机构主持,每年至少应当进行 1 次。进行民主评议时,应当奉行实事求是、民主公开、平等的原则,公正客观地开展评议活动。在评议活动中,接受评议的一方,即村委会成员以及由村民或者村集体承担误工补贴的聘用人员,应当虚心听取村民的意见,认真对待村民对村务工作提出的疑问,耐心回答村民的提问。如果工作确实有需要改进的地方,应当及时改进工作内容和态度,并接受村民的监督。如果村委会成员在评议中连续两次被评议为不称职，其职务应当终止。因职务终止造成的出缺，应当由村委会按照法律规定的程序，对出缺职位进行补选。

依据

《村民委员会组织法》第33条

64 村务档案由谁来建立？内容包括哪些？

疑惑

某村的村委会任期已满5年，村民们对本届村委会班子早有不满，换届选举时推选出了几名全新的候选人。新一届村委会班子上任以后，在对本村采取新的发展措施的同时，还对本村的村务档案进行了整理。经整理发现，原本的村务档案记载十分混乱，很多事项没有及时记录在册，内容也非常不规范，许多应当记载的内容并未记载在村务档案中。于是，村委会根据原有资料，对村务档案重新归纳整理。请问，村务档案应当由谁来建立？内容又包括哪些呢？

解析

村务档案是村党组织、村委会、村集体经济组织等在党组织建设、村民自治、生产经营等活动中形成的具有保存价值的文字、图表、音像等不同形式和载体的历史记录。根据我国《村民委员会组织法》第 34 条的规定，建立村务档案的主体应当是村委会和村务监督机构。

村务档案主要包括以下内容：选举文件和选票，会议记录，土地发包方案和承包合同，经济合同，集体财务账目，集体资产登记文件，公益设施基本资料，基本建设资料，宅基地使用方案，征地补偿费使用及分配方案等。根据《村级档案管理办法》第 4 条和第 5 条的规定，村委会和村务监督机构应当重视村务档案的建立和后续的保管工作，建立起严格的村务档案管理流程，对村务工作过程中的重要事项，应当按照法律规定真实、准确、完整地记载在村务档案中，并接受相关部门的监督和指导。

依据

《村民委员会组织法》第 34 条

《村级档案管理办法》第 4 ~ 5 条

65 第一书记的基本条件和职责有哪些？如何处理好第一书记与村两委之间的关系？

疑惑

小赵是某大学大三学生，在参加学长毕业会的时候得知张某考取了大学生村官，即将选派到贵州某乡村当第一书记，为推进乡村振兴、巩固拓展脱贫攻坚成果贡献青春力量。小赵听了张某的职业规划，顿时心生敬佩。小赵知道村里有村党委和村委会，他很好奇村两委和第一书记在农村治理中谁说了算。请问，第一书记的基本条件和职责有哪些？如何处理好第一书记与村两委之间的关系？

解析

第一书记，是指针对脱贫村、易地扶贫搬迁安置村（社区）、党组织软弱涣散村等，从省、市、县机关优秀干部、年轻干部，国有企业、事业单位优秀人员和以往因年龄从领导岗位上调整下来、尚未退休的干部中选派到以上村担任党组织的负责人。第一书记的基本条件是：政治素质好，坚决贯彻执行党的理论和路线方针政策，热爱农村工作；工作能力强，敢于担当，善于做群众工作，具有开拓创新精神；事业心和责任感强，作风扎实，不怕吃苦，甘于奉献；具备正常履职的身体条件。第一书记必须是中共正式党员，具有1年以上党龄和2年以上工作经历；工作队员应优先选派中共党员。

根据全面推进乡村振兴、巩固拓展脱贫攻坚成果任务需要，第一书记和工作队的主要职责有以下几个方面。

1. 建强村党组织。重点围绕增强政治功能、提升组织力，推动村干部、党员深入学习和忠实践行习近平新时代中国特色社会主义思想，学习贯彻党章党规党纪和党的路线方针政策；推动加强村两委班子建设、促进担当作为，帮助培育后备力量，发展年轻党员，吸引各类人才；推动加强党支部标准化规范化建设，严格党的组织生活，加强党员教育管理监督，充分发挥党组织和党员作用。

2. 推进强村富民。重点围绕加快农业农村现代化、扎实推进共同富裕，推动巩固拓展脱贫攻坚成果，做好常态化监测和精准帮扶；推动加快发展乡村产业，发展壮大新型农村集体经济，促进农民增收致富；推动农村精神文明建设、生态文明建设、深化农村改革、乡村建设行动等重大任务落地见效，促进农业农村高质量发展。

3. 提升治理水平。重点围绕推进乡村治理体系和治理能力现代化、提升乡村善治水平，推动健全党组织领导的自治、法治、德治相结合的乡村治理体系，加强村党组织对村各类组织和各项工作的全面领导，形成治理合力；推动规范村务运行，完善村民自治、村级议事决策、民主管理监督、民主协商等制度机制；推动化解各类矛盾问题，实行网格化管理和精细化服务，促进农村社会和谐稳定。

4. 为民办事服务。重点围绕保障和改善农村民生、密切党群干群关系，推动落实党的惠民政策，经常联系走访群众，参与便民利民服务，帮助群众解决“急难愁盼”问题；推动加强对困难人群的关爱服务，经常嘘寒问暖，协调做好帮扶工作；推动各类资源向基层下沉、以党组织为主渠道落实，不断增强人民群众获得感、幸福感、安全感。

第一书记和工作队要从派驻村实际出发，抓住主要矛盾，细化任务清单，认真抓好落实。找准职责定位，充分发挥支持和帮助作用，与村两委共同做好各项工作，切实做到遇事共商、问题共解、责任共担，特别是面对矛盾问题不回避、不退缩，主动上前、担当作为，同时注意调动村两委的积极性、主动性、创造性，做到帮办不代替、到位不越位。

村两委，即村党支部委员会和村委会。前者是党在农村的最基层的组织，是本村各种组织和各项工作的领导核心；后者是村民自治组织。处理他们与第一书记的关系时，对第一书记来讲，应当明确职责定位，清楚地认识到村两委班子成员与第一书记既是党内同志关系，又是特殊的干群关系，因为第一书记是上级党委选派下来的干部，村两委班子成员来自群众，带有浓厚的群众色彩。第一书记一方面要找准定位，身先士卒，勇当黄牛；另一方面要坚持走群众路线，与村两委共进退，进而调动村两委工作的积极性、主动性。村两委与第一书记要做到职责清晰，分工明确，各司其职。

依据

《关于向重点乡村持续选派驻村第一书记和工作队的意见》第2～4条

第二节 村民会议

66 村民会议由哪些人员组成？如何召集？

疑惑

某村位置比较偏僻，交通极为不便，村民很少与外界沟通，村里的经济较为落后。2021 年，村里新一届村两委班子上任以后，发现该村拥有优越的地理环境，十分适合发展种植业。村干部带领村民承包土地，大力发展种植业。村委会还考虑到，只有加强与外界的联系，才能打开农作物的销售渠道，促进村里的经济发展。于是，村委会决定召开村民会议，一方面请全体村民来讨论决定是否要在村里修建新的公路；另一方面想向村民说明村里未来的发展计划。请问，村民会议由哪些人员组成？要召开村民会议，应当经过怎样的法定程序？

解析

根据我国《村民委员会组织法》第 21 条的规定，参加村民会议的人员应当具备以下两个条件：第一，年满 18 周岁，未满 18 周岁的人员不能参加村民会议。18 周岁标志着一个人在法律上进入成年阶段，获得了选举权、被选举权等政治权利。年满 18 周岁也表示人的心理和思想基本发育成熟，能够独立表达自己的观点和意愿。第二，参加村民会议的必须是本村村民。

值得注意的是，政治权利被剥夺的村民能否参加村民大会？政治权利包括选举权和被选举权，言论、出版、集会、结社、游行、示威自由的权利，担任国家机关职务的权利，担任国有公司、企事业单位、人民团体领导职务的权利。村民被剥夺政治权利，依然享有除政治权利以外的权利，有权参加村民大会发表自己的意见。但是，这类村民不得行使选举权或被选举权，也无权通过表决来罢免村委会成员。

遇有重要事项讨论，需要召开村民会议时，必须经过法定程序。其一，村民会议由村委会召集，有 1/10 以上的村民或者 1/3 以上的村民代表提议，村委会应当召集村民会议。其二，召集村民会议时，应当提前 10 天通知村民，让村民们有所准备。

在上面的案例中，该村要召开村民会议，可以由该村的村民代表或者村民提议，再由村委会召集，商讨村内修路事项。

依据

《村民委员会组织法》第 21 条

67 召开村民会议和通过决定，有怎样的人数要求？

疑惑

某山村面积较小，但人口很多，不少村民单靠务农无法维持生计。于是，该村不少青壮年带着孩子前往城市学习和工作，留下的大多是舍不得离开家乡的老年人。老人们在平时的生活中难免会遇到困难，而在城市里生活的儿女往往不能及时赶回来，只能靠邻里之间相互帮助。为了让老人们生活得更加便利，该村村委会计划采取一些措施来保障老年人的权利。经过村委会内部讨论，认为可以在村里建一个老年人活动中心，这样不仅能够促使其他村民关爱老年人，也可以丰富老年人平时的生活。随后，村委会打算召开村民会议，请村民表达对此事的看法。请问，召开村民会议有怎样的人数要求？要通过村民会议的决定，需要具备怎样的条件？

解析

根据我国《村民委员会组织法》第 22 条的规定，召开村民会议，应当有本村满 18 周岁村民的过半数参加，或者本村 2/3 以上的户的代表参加。举例来说，某村共有 120 户村民，其中，已满 18 周岁的村民有 260 人。那么，要召开村民会议，就要有至少 131 名已满 18 周岁的村民参加，或者有 80 户以上的村民派代表参加。

村民会议对决定进行表决时，应当奉行民主集中制原则。所谓民主集中制，通俗来讲就是少数服从多数。村民会议所作的决定，必须经到会人员的过半数通过后才能生效。例如，某村召开村民会议，共有 100 名村民参加。村民会议上的决定要想生效，必须有至少 51 名村民表决通过。

同时，召开村民会议时，可以邀请驻本村的企事业单位和组织派代表列席。这些企事业单位和组织与本村之间有利益往来，村民大会所作出的决定很可能也会影响他们的权利，因此他们享有知情权。但是，企事业单位和组织参加村民会议时，只能发表自己的看法，不能对村民会议的决定进行表决。

依据

《村民委员会组织法》第 22 条

68 村民会议如何对村委会的工作情况进行监督？

疑惑

村委会是村民自我管理、自我教育、自我服务的基层群众性自治组织。村委会的成员由全体村民通过民主方式产生，对全体村民负责。村委会履行工作职责时，应当从全体村民的利益出发。但是，村委会并不是村里的权力机构，真正对本村进行管理的权力从根本上讲属于本村村民。因此，村委会有义务将工作情况定期公开，接受村民的监督。村民会议作为本村的最高权力机构，也是村民对村委会工作行使监督权的途径之一。请问，村民会议可以怎样对村委会的工作情况进行监督呢？

解析

只要是本村年满 18 周岁的村民，都可以参加村民会议，在村民会议上进行表决，发表自己的看法。由此可见，村民会议是村民进行民主决策最主要的途径，能够在最大程度上保障村民的民主权利。为了便于村民行使权利，各村都会设立村委会，由村委会召集村民会议,代表村民管理村内政治、经济事务。

根据我国《村民委员会组织法》第10条的规定,村委会及其成员负有遵守并组织实施村民自治章程、村规民约,执行村民会议、村民代表会议的决定、决议的义务。同时,村委会还要接受村民的监督,村民有权通过各种形式对村委会进行监督。该法第23条规定了村民会议对村委会的工作情况进行监督的具体方式,即在村民会议上对村委会的下列工作内容进行监督:第一,审议村委会的年度工作报告,评议村委会成员的工作;第二,撤销或变更村委会不适当的决定。

除此之外,村民代表大会产生于村民会议,应当受村民会议的监督。村民会议有权对村民代表大会的工作情况进行评议,并撤销或者变更村民代表大会不适当的决定。要召开村民会议,需要满足一定的人数条件,难免有不方便直接召开村民会议的情况,此时,村民会议可以授权村民代表大会对村委会进行监督。

依据

《村民委员会组织法》第10条、第23条

69 需要经过村民会议讨论方可办理的事项有哪些？

疑惑

老郭是郭家庄的村主任，多年来一直兢兢业业为村民服务，拓思路，想办法，郭家庄村民的生活蒸蒸日上。2021年6月，某项目开发经理胡某找到老郭，说郭家庄是附近数一数二的富村，村集体年收益可达上百万元，建议老郭使用村集体收益为该项目投资，项目回报收益可进一步扩大村集体收益。老郭觉得胡某带来的是一个不错的项目，可以投资试一试，便找到村内几名有威望的村民初步探讨此事，村民纷纷表示，这些年生活改善都是老郭带领有方，只要老郭觉得项目没问题就不用开会讨论了。老郭却说，这是村里的大事，必须经过村民会议讨论。请问，需要经过村民会议讨论方可办理的事项有哪些呢？

解析

为了保障全体村民合法权益和切身利益，一些重大事项的决策必须通过村民会议讨论方可办理。我国《村民委员会组织法》第24

条对涉及村民利益、需要村民会议讨论决定的9项重大事项作出详细规定。其中,前8项是村集体事项或涉及每名村民的事项,比如,村集体经济所得收益的使用、土地承包经营方案、宅基地使用方案等;最后一项是兜底性条款,要求但凡村民会议认为应当通过村民会议讨论的涉及村民利益的事项,都必须经过村民会议的讨论方可办理。当然,村民会议可以授权村民代表会议讨论决定重大事项。

本案中,使用村集体收益进行投资是《村民委员会组织法》第24条第1款第2项规定的事项。尽管很多村民一致同意老郭的想法,但老郭也不能擅自决定投资与否,村集体经济所得收益,必须经过郭家庄村民会议讨论才可以使用。如果经过村民会议授权,可以召开村民代表会议讨论决定。

依据

《村民委员会组织法》第24条

70 村民代表会议如何召集和召开?

疑惑

为了响应国家保护环境、垃圾分类的号召,某村将原有的垃圾桶全部撤换为分类垃圾桶，正式在村里实施垃圾分类制度。但是，村里的村民还没有垃圾分类的意识，垃圾分类实施起来比较困难。除此之外，当地政府还向该村划拨了一笔美丽乡村建设专项资金，等待分配使用。于是，该村的村委会计划召开村民代表会议，以决定应采取怎样的措施来落实垃圾分类制度以及应如何分配使用这笔资金。请问，村民代表会议应当由谁来召集？又应当按照什么样的程序召开呢？

解析

根据我国《村民委员会组织法》第 25 条的规定，村民代表大会由村委会成员和村民代表组成，讨论决定村民会议授权的事项。召开村民代表会议时，首先要推举出村民代表。村民代表的人数根据本村的人数按照比例确定，由村民按每 5 户至每 15 户推选 1 人，或者由各村民小组推选若干人，村民代表对其推选户或者村民小组负责，接受村民的监督。

与村民会议不同的是，村民代表会议应当定期召开，每季度召开 1 次。除定期召开村民代表会议外，如果发生临时需要召开村民代表大会的事项，有 1/5 以上的村民代表提议，也应当召集村民代表会议。需要注意的是，必须有 2/3 以上的组成人员参加才能召开村民代表会议。在村民代表会议上所作的决定必须经到会人员的过半数同意后才能生效。例如，某村有 55 名村民代表和 5 名村委会成员，要召开村民代表会议，必须有 40 名以上的组成人员参加。如果有 50

人到会,那么必须有至少 26 人同意,所作决定才能通过。

在上面的案例中,某村村委会可以召集村民代表会议,讨论决定垃圾分类制度的实施办法以及配套资金的分配使用,其需要按照法定程序召集村民代表参会,有 2/3 以上的组成人员参加即可召开,所作决定经到会人员的过半数同意就可以通过实施。

依据

《村民委员会组织法》第 25 ~ 26 条

71 村民代表会议的村民代表中必须有妇女代表吗?

疑惑

大学毕业后,小赵考上了大学生村官,为了更深入地了解基层,他主动申请到比较偏远的王家村工作。王家村距离县城较远,村民思想比较落后。小赵来到王家村后,协助该村开展基层党建工作,引领村民增强自身建设。王家村户籍人口较多,却一直没有村民代表会议,很多重大事项的决策都不能很好地听取村民意见,于是,小赵号召村民设立村民代表会议。选举村民代表时，村民老王说妇女就是在家干活的，不能当选村民代表。小赵告诉老王，他的思想观念已经落后，现在是男女平等的社会，村民代表中必须有妇女代表，并且需要达到一定的比例。请问，村民代表会议的村民代表中，必须有妇女代表吗？

解析

村民代表会议的村民代表中，必须有妇女代表。为了保护妇女与男性享有平等的政治参与权，我国法律明确规定，选举时妇女代表必须达到相应的比例。根据我国《村民委员会组织法》第 25 条的规定，人数较多或者居住分散的村，可以设立村民代表会议，村民代表应当占村民代表会议组成人员的 4/5 以上，妇女村民代表应当占村民代表会议组成人员的 1/3 以上。由此可知，村民代表中妇女代表是必须配备的，而且需要占比 1/3 以上。

本案中，王家村规模较大、人数较多，可以设立村民代表大会。村民王某的想法是不对的，选举村民代表时，必须有妇女代表，并且妇女代表比例不得少于 1/3。

依据

《村民委员会组织法》第 25 条第 1 款

72 有村民小组 2/3 以上的户的代表参加，可以召开村民小组会议吗？

疑惑

田家沟村是人数较多的大村，村集体资产较多，经济条件不错。该村村民小组共有 102 人，全部是 18 周岁以上的村民，分属 78 户。临近年底，村里准备对本年度的集体盈利进行分红，打算召开村民小组会议对该事项进行讨论。经粗略统计，由于很多村民小组成员外出打工，暂时没有返乡，可以参加村民小组会议的只有 65 人，分属村民小组中的 60 户。会计说，因为参加村民小组会议的村民不到总人数的 2/3，所以不能召开，村主任却说，参加的人员分属村民小组中的 60 户，已经超过村民小组 2/3 的户的代表，同样可以召开。请问，超过村民小组 2/3 的户的代表参加可以召开村民小组会议吗？

解析

像本案这种情况是可以召开村民小组会议的。为了保证村民小组会议上所作决策和决议的公正，我国法律对允许召开村民小组会议最低人数作出了限制。根据我国《村民委员会组织法》第 28 条的规定，召开村民小组会议，应当有本村民小组18周岁以上的村民2/3以上，或者本村民小组2/3以上的户的代表参加，所作决定应当经到会人员的过半数同意。由此可知，当参加会议人数超过村民小组人数的2/3，或者超过村民小组2/3的户的代表，即可召开村民小组会议。这一规定，并不是要求两个条件都必须同时满足，而是符合其中一个条件时，就可以召开村民小组会议。

本案中，田家沟村参加本次村民小组会议的人数有65人，虽然没有超过村民小组2/3的人数（68人），但是该65人分属60户，已经超过了村民小组2/3的户的代表（52户），按照法律规定可以召开村民小组会议。

依据

《村民委员会组织法》第28条

73 村民自治章程、村规民约是由村委会制定的吗？

疑惑

某村在村民自治章程中规定，注重文明风貌建设，村民应当文明操办红白喜事，不得铺张浪费，也不得干扰其他村民的正常生活。该村村民吴某的母亲年逾九十，几天前离开了人世。吴某心想，母亲去世时已达 90 岁高龄，这是喜丧，必须大操大办，让母亲走得风风光光。于是，吴某在村里办起了长达 5 天的流水席，还雇了几个演员在村里全天搭台唱歌，村民都不堪其扰。村委会得知此事后，要求吴某按照村民自治章程简化丧礼。吴某虽然听从了村委会的指示，但心里还是有些不服。他想知道，村民自治章程是村委会制定的吗？

解析

村委会不制定村民自治章程，但应当组织村民实施村民自治章程或村规民约。根据我国《村民委员会组织法》第 27 条的规定，只有村民会议有权制定和修改村民自治章程或村规民约。村民自治章程或村规民约的内容体现的应当是村民自我管理、自我教育、自我服务的意志，与村民的利益息息相关，必须由村民通过民主方式制定。村民自治章程、村规民约制定后，应当由村委会依据《村民委员会组织法》第 10 条的规定，组织村民履行村民自治章程、村规民约的相关规定。

需要注意的是，确定村民自治章程、村规民约的内容时，必须符合法律的强制性规定，不得与宪法、法律、法规和国家的政策相抵触，也不得有侵犯村民的人身权利、民主权利和合法财产权利的内容。村民自治章程、村规民约制定或修改以后，必须及时将内容报乡、民族乡、镇的人民政府备案。如果村民自治章程、村规民约的内容违反了法律的强制性规定，则应当由乡、民族乡、镇人民政府责令改正。

如果村民自治章程、村规民约经村民会议讨论通过，则全村村民都应当自觉遵守。

在上面的案例中，某村的村民自治章程中明确规定简化红白喜事，吴某作为该村村民应当自觉履行，该村村委会作为村民自治章程的贯彻落实机构，应当督促全村村民履行村民自治章程，引导村民共建文明乡风。

依据

《村民委员会组织法》第 10 条、第 27 条

74 从加强基层治理体系和治理能力现代化建设方面来看，如何健全村民自治制度？

疑惑

所谓基层治理体系和治理能力现代化建设，可以理解为，建立起党组织统一领导、政府依法履责、各类组织积极协同、群众广泛参与，自治、法治、德治相结合的基层治理体系，健全常态化管理和应急管理动态衔接的基层治理机制，构建网格化管理、精细化服务、信息化支撑、开放共享的基层管理服务平台；党建引领基层治理机制全面完善，基层政权坚强有力，基层群众自治充满活力，基层公共服务精准高效，党的执政基础更加坚实，基层治理体系和治理能力现代化水平明显提高。请问，结合农村的村民自治制度，应如何做？

解析

村民自治制度属于基层群众自治制度的范畴。2021 年 4 月 28 日，《中共中央、国务院关于加强基层治理体系和治理能力现代化建设的意见》发布，该意见指出，基层治理是国家治理的基石，统筹推进乡镇（街道）和城乡社区治理，是实现国家治理体系和治理能力现代化的基础工程。就加强基层治理体系和治理能力现代化建设提出了一系列意见，其中，谈到了“健全基层群众自治制度”，在如何健全该制度，推进基层治理方面，谈到了以下几点要求。

1. 加强村（居）委会规范化建设。坚持党组织领导基层群众性自治组织的制度，建立基层群众性自治组织法人备案制度，加强集体资产管理。规范撤销村委会改设社区居委会的条件和程序，合理确定村（社区）规模，不盲目求大。发挥村（居）委会下设的人民调解、治安保卫、公共卫生等委员会作用，村委会应设妇女和儿童工作等委员会，社区居委会可增设环境和物业管理等委员会，并做好相关工作。完善村（居）委会成员履职承诺和述职制度。

2. 健全村（居）民自治机制。强化党组织领导把关作用，规范村

(居)委会换届选举,全面落实村(社区)两委班子成员资格联审机制,坚决防止政治上的“两面人”,受过刑事处罚、存在“村霸”和涉黑涉恶及涉及宗族恶势力等问题人员,非法宗教与邪教的组织者、实施者、参与者等进入村(社区)两委班子。在基层公共事务和公益事业中广泛实行群众自我管理、自我服务、自我教育、自我监督,拓宽群众反映意见和建议的渠道。聚焦群众关心的民生实事和重要事项,定期开展民主协商。完善党务、村(居)务、财务公开制度,及时公开权力事项,接受群众监督。强化基层纪检监察组织与村(居)务监督委员会的沟通协作、有效衔接,形成监督合力。

3. 增强村(社区)组织动员能力。健全村(社区)两委班子成员联系群众机制,经常性开展入户走访。加强群防群治、联防联治机制建设,完善应急预案。在应急状态下,由村(社区)两委统筹调配本区域各类资源和力量,组织开展应急工作。改进网格化管理服务,依托村(社区)统一划分综合网格,明确网格管理服务事项。

4. 优化村(社区)服务格局。市、县级政府要规范村(社区)公共服务和代办政务服务事项,由基层党组织主导整合资源为群众提供服务。推进城乡社区综合服务设施建设,依托其开展就业、养老、医疗、托幼等服务,加强对困难群体和特殊人群关爱照护,做好传染病、慢性病防控等工作。加强综合服务、兜底服务能力建设。完善支持社区服务业发展政策,采取项目示范等方式,实施政府购买社区服务,鼓励社区服务机构与市场主体、社会力量合作。开展“新时代新社区新生活”服务质量提升活动,推进社区服务标准化。

依据

《中共中央、国务院关于加强基层治理体系和治理能力现代化建设的意见》

CHAPTER

3

第三章

其他组织建设

第一节　农村基层团组织建设

75 农村基层团组织包括哪些？其指导思想是什么？

疑惑

为深入贯彻习近平新时代中国特色社会主义思想，贯彻落实习近平总书记关于青年工作的重要思想，加强新时代农村团的基层建设，在乡村全面振兴进程中充分发挥党的助手和后备军作用，根据《中国共产主义青年团章程》，制定了《中国共产主义青年团农村基层组织工作暂行规定》。该规定于 2020 年 10 月 9 日共青团中央书记处会议审议批准，2020 年 11 月 2 日共青团中央发布。请问，农村基层团组织包括哪些？其指导思想是什么？

解析

农村基层团组织包括设置在乡镇的团的基层委员会，设置在行政村和农村社区的团组织，设置在农村经济组织、社会组织等中的团组织以及各类灵活设置的农村团组织。团的农村基层组织设置从实际出发，可以不完全与党组织和行政建制对应。目前主要存在乡镇团委、村团组织、农村社区团组织、农村学校团组织、农村集体企业中的团组织、农村专业合作组织中的团组织、农村非公有制经济组织中的团组织、农村社会组织中的团组织、农村流动团员团组织、农村的网络团组织10类农村团的基层组织。

农村基层团组织的指导思想为马克思列宁主义、毛泽东思想、邓小平理论、“三个代表”重要思想、科学发展观、习近平新时代中国特色社会主义思想。

依据

《中国共产主义青年团农村基层组织工作暂行规定》第2~3条

76 什么是“青年之家”？

疑惑

近年来，为了增强青年对团组织的黏性，各地“青年之家”呈百花齐放之势，例如，某乡镇团委成立了“绿乡青年之家”。在这个大家庭里，青年朋友们通过定期组织活动、网络联系等，分享各种学习、致富、创业资源，在增加就业、创收以及丰富精神文化生活等方面作出了很多贡献。请问，什么是“青年之家”？

解析

“青年之家”是共青团组织的公益性、综合性服务场所，是青年身边的团组织，是共青团面对社会、面向青少年的各类服务平台的总称。通过“青年之家”，团组织可以有效地融入团员青年的社会生活，实现对青年群体的组织覆盖、工作覆盖。广大青年可以通过“青年之家”进行学习和交流、创新等工作，从其提供的各种服务中切实受益。“青年之家”是团组织青年、联系青年、服务青年的平台。随着“青年之家”云平台的大力开展，“青年之家”正式成为团组织直接联系和服务青少年的阵地。

依据

《中国共产主义青年团农村基层组织工作暂行规定》第 10 条、第 14 条

77 农村基层团组织的主要职责有哪些？

疑惑

2020年10月8日，某村的大学生村官团支部正式成立。在这个崭新且充满活力的支部里，共有支部委员5名，其中，书记1名，由驻村的大学生村官担任。他们肩负重任，为农村团组织注入了鲜活的血液，充分发挥农村基层团组织的职责和作用。请问，从总体上来讲，农村基层团组织的主要职责有哪些呢？

解析

根据《中国共产主义青年团农村基层组织工作暂行规定》第15条的规定，农村基层团组织的主要职责体现在以下8个方面。

1. 坚持党的领导，强化政治功能，组织团员青年深入学习贯彻习近平新时代中国特色社会主义思想，学习党的基本知识，学习团章和团的基本知识，学习科学、文化、法律和业务知识。

2. 宣传、执行党的指示和团组织的决议，教育团员青年带头贯彻执行党的路线、方针、政策，大力培育新型青年职业农民，加强农村青年实用人才队伍建设，培养农村青年致富带头人，支持返乡青年创业就业，带领动员团员青年在乡村振兴中彰显作为。

3. 开展理想信念教育、爱国主义教育和制度自信教育，培育和践行社会主义核心价值观，开展志愿服务、扶贫助困、移风易俗、美丽乡村建设等活动，倡导科学精神，普及科学知识，坚决同违纪违法行为作斗争，坚决抵御非法宗教活动和境外渗透活动，弘扬主旋律，传播正能量。

4. 从严加强班子自身建设和团干部作风建设，协助党组织管理农村基层团干部，对团干部的选拔任用和奖惩提出意见。加强农村基层团组织规范化建设，抓好团员发展和教育管理，严肃组织生活，关心团员的思想、学习、工作和生活。维护和执行团的纪律，依规稳妥处置不合格团员。

5. 密切联系服务青年，了解青年的思想和需求，反映青年合理诉求，维护青年合法权益，关心困难青年，关爱留守儿童，开展健康有益的文体活动。

6. 做好推优入党工作，推荐团员青年中的优秀人才，培养青年乡村治理人才。支持城市青年、大中学生等开展乡村志愿服务和社会实践活动。

7. 在党的领导下，按照组织隶属关系，领导下级团组织的工作。实事求是地对团的建设和工作提出意见建议，及时向同级党组织和上级团组织报告情况。

8. 整合协调资源，支持少先队开展工作。

依据

《中国共产主义青年团农村基层组织工作暂行规定》第 15 条

78 农村各类基层团组织的重点工作有哪些?

疑惑

近日,某村团委为了更好地开展团工作,大力组织农村团员参与各项志愿活动,如群防群治志愿服务、周末义务劳动等,并在活动之际,团员们面向广大农村青年宣传禁毒知识、反家庭暴力知识等。请问,从农村各类基层团组织的角度来讲,他们的重点工作有哪些呢?

解析

根据《中国共产主义青年团农村基层组织工作暂行规定》第 16 条的要求,农村各类基层团组织要结合实际,完成好以下重点工作。

1. 乡镇团委要统筹协调本地区团的工作,深化区域化团建,开展乡镇实体化大团委建设,推动团的基层组织设置和活动方式创新,提升团的组织和工作有效覆盖面;积极推动党建带团建机制落实,做好推优入党工作;服务团员青年创业就业;加强流动团员的管理和服务;选拔符合条件的优秀青年担任村、社区团组织书记,积极推动他们按程序进入村(社区)两委班子。

2. 村团组织要聚焦乡村振兴,大力培养农村青年致富带头人;积极参与乡村治理,助力培育乡风文明;开展关爱留守儿童、扶贫济困等活动。相对贫困村团组织应当组织带领团员青年,投身脱贫攻坚,巩固脱贫成果。

3. 农村社区团组织要围绕建设文明和谐社区,积极参与基层社会治理,助力建设村民自治与多元主体参与有机结合的共建共享机制;整体推进社区团的建设和工作,加强流动团员的管理和服务;帮助社区群众适应新生活,活跃社区文化,培育、引导社区青年社会组织建设。

4. 农村学校团组织要贯彻党的教育方针,落实立德树人根本任务,开展好政治引领和仪式教育,认真抓好团员发展工作,加强日常教育管理,有计划地组织学生团员参加社会实践、劳动教育和志愿服务,拓展学生团员社会化的实践载体。

5. 农村集体企业中的团组织,要围绕服务企业发展,组织带领团员青年岗位建功、创新创效,弘扬职业文明、提升职业技能;围绕促进青年发展,关心服务青年成长成才、身心健康和个人生活。

6. 农村专业合作组织中的团组织,要在密切与专业合作组织内部团员青年联系的基础上,增强对同业青年的吸引力和组织的凝聚力;帮助团员青年提高农业生产经营专业化水平和增收致富能力,促进合作组织规范运行和自我管理;为农村专业合作组织培养后备经营管理人才,协助争取国家强农惠农政策,反映农村专业合作组织的合理诉求。

7. 农村非公有制经济组织中的团组织，要发挥团员的带头作用，促进所在单位健康发展；教育引导青年增强政治认同，帮助青年提升职业素养，推荐青年人才；关心服务青年，搭建社会参与和政治参与平台，了解青年诉求，帮助他们解决实际困难。

8. 农村社会组织中的团组织，要教育引导青年增强政治认同，发现和培养青年社会工作骨干；促进社会组织有序参与乡村治理，提供公共服务，承担社会责任。

9. 农村流动团员团组织，要采取线上、线下等多种方式加强对流动团员的联系和服务，创新流动团员活动方式，引导团员履行团员义务，行使团员权利，有效发挥作用。

10. 农村的网络团组织，要以有效覆盖、联系服务团员青年为重点开展工作，根据团员实际情况，组织参加网上学习，带领团员和青年承担社会责任、弘扬正能量。

11. 农村其他类型的团组织，应当因地制宜地开展团的活动，引导团员青年结合自身实际发挥作用。

依据

《中国共产主义青年团农村基层组织工作暂行规定》第16条

79 如何实现对团员的教育管理?

疑惑

某镇团委为了切实加强农村基层团建工作,决定从“人”出发,切实提高团员的自身素质,并对其开展一系列的教育管理工作。同时,该镇发动了一大批团员参加农业技术培训和创业课程,为强农兴农助力。请问,在对团员的教育管理方面,应该如何实现呢?

解析

在团员教育管理方面,可从以下几个方面入手。

第一,坚持用党的创新理论武装团员队伍,认真开展团内教育活动,定期开展主题团日,针对农村团员思想和学习、工作、生活实际,采用相对灵活的方式,增强团课的教育实效。

第二,注重提高团的组织生活质量,创新方式方法,把团的组织生活与农村团员的生产生活、实践锻炼、社会参与相结合,有效落实“三会两制一课”,做到形式多样,严肃活泼,富有时代性。

第三,对要求入团的青年进行教育培养,把政治标准放在首位,严格程序、严肃纪律,做好发展团员工作。

第四,应当加强和改进流动团员教育管理,流入地团组织要及时将外来团员编入团的支部，组织他们参加组织生活和团的活动。此外，还应当借助互联网等多种方式，加强对团员的经常联系，并利用团员返乡的时机，强化联系服务。

第五，应当加强团员档案管理和团员组织关系转接，特别要做好学校毕业生团员组织关系的转接工作，可以通过建立网上团组织等方式，加强日常服务管理。对组织关系转至乡镇的毕业学生团员，乡镇团委应当加强联系和服务，持续关注其就业动向，及时做好组织关系转接。

第六，应当严格执行团的纪律，经常对团员进行遵纪守法教育。团员违反团的纪律，应当及时教育或者处理，问题严重的应当向同级党组织和上级团组织报告。对受到团的纪律处分的，应当加强教育，帮助其改正错误。

依据

《中国共产主义青年团农村基层组织工作暂行规定》第17～22条

80 在乡村团干部和骨干力量队伍建设方面，应如何做？

疑惑

某镇的村级团组织准备换届，该镇团委经研究决定趁此契机，选拔一些年轻人担任村团支部书记，以改善农村团干部年龄偏大的现状。请问，针对乡村团干部和骨干力量队伍建设，应该从哪些方面开展呢？

解析

用好团干部和青年工作骨干是持续提升农村团组织建设质量的重要内容，因此，这支队伍的建设尤为重要。具体来讲，如何建设这支队伍，应从选、育、管、用等方面去实施。①

一是五湖四海"选"。坚持德才兼备，注重面向机关、企事业单位工作人员、社会组织负责人、高校毕业生基层项目、选调生、退役军人、返（在）乡创业人员、农村致富带头人、青年志愿者等群体选拔优

① 内容源于《中国青年报》，共青团中央基层建设部负责人就《中国共产主义青年团农村基层组织工作暂行规定》的制定印发和贯彻落实等问题，回答记者的提问。

秀青年党员、团员担任农村团干部，建设专职、挂职、兼职相结合，懂农业、爱农村、爱农民的农村团干部队伍。

二是多措并举“育”。明确把团的岗位作为优秀年轻干部、优秀农村青年党员、团员提高群众工作能力、培养群众工作作风、丰富群众工作经验的重要平台。根据需要，乡镇团委可以由相对年轻的乡镇党政班子成员中的党员干部兼任书记。市级、县级团委每年应当组织对农村基层团组织书记的培训，确保任职培训和任期轮训全覆盖。

三是严格要求“管”。各级团组织应当明确农村基层团干部的任期目标，县乡两级团委应当组织开展下级团组织书记述职评议，规范团干部年度考核。

四是有效激励“用”。明确建立以工作实绩和服务对象认可度为立足点的考核评价和激励机制，做到考用结合、激励有效。

依据

《中国共产主义青年团农村基层组织工作暂行规定》第23～26条

81 如何加强农村基层团组织的领导和保障工作？

疑惑

加强农村基层团组织建设，离不开党委和团的各级领导机关的保障。目前，很多地方的农村基层团组织改革都引起了党政机关的高度重视，各地纷纷将团建纳入党建来统一部署和考核，并推出很多举措。请问，在加强农村基层团组织的领导和保障工作方面，应如何做？

解析

根据《中国共产主义青年团农村基层组织工作暂行规定》的要求，加强农村基层团组织的领导和保障工作，可以从以下方面展开。

1. 要重视农村基层团的建设。各级团的领导机关特别是县级团委要高度重视团的农村基层建设，主动适应形势发展，大力推进组织和工作创新，加强基层团组织规范化建设，持续整顿软弱涣散的团组织。

2. 将农村基层团组织建设情况作为团的领导机关主要负责人述

职考核的重要内容。对做工作不到位以及出现问题的主要负责人，要实施提醒、约谈、问责追责等措施。

3. 落实报告工作制。乡镇团委每年应当定期向乡镇党委和县级团委报告工作。村、社区团组织每年应当定期向村、社区党组织和乡镇团委报告工作。

4. 推动落实党建带团建机制。县级以上团委应当推动将农村团建工作纳入党建工作部署和考核，为农村基层团组织开展工作提供必要条件和经费保障；指导推动基层团组织承接有关青少年事务的政府购买服务项目；争取保障村、社区团干部适当的经济待遇。

5. 树典型、奖先进。对工作有显著成绩的农村团员、团干部、团组织以及青年组织、青年骨干，应当给予表彰。

依据

《中国共产主义青年团农村基层组织工作暂行规定》第27～30条

第二节　乡村妇女组织建设

82 妇女联合会农村基层组织的行动指南是什么？

疑惑

中华全国妇女联合会是全国各族、各界妇女为争取进一步解放与发展而联合起来的群团组织，是中国共产党领导下的人民团体，是党和政府联系妇女群众的桥梁和纽带，是国家政权的重要社会支柱。妇女联合会在乡镇、街道，行政村、社区，机关和事业单位、社会组织等建立基层组织。请问，对妇女联合会农村基层组织来说，其行动指南有哪些呢？

解析

《中华全国妇女联合会章程》规定："中国妇女是建设新时代中

国特色社会主义的重要力量。中华全国妇女联合会高举中国特色社会主义伟大旗帜,以马克思列宁主义、毛泽东思想、邓小平理论、‘三个代表’重要思想、科学发展观、习近平新时代中国特色社会主义思想为行动指南,坚持中国共产党的领导,坚决贯彻党的基本理论、基本路线、基本方略,坚持和发展马克思主义妇女观,贯彻男女平等基本国策,团结、引导广大妇女坚定不移地走中国特色社会主义妇女发展道路,在统筹推进‘五位一体’总体布局和协调推进‘四个全面’战略布局中发挥积极作用,为实现‘两个一百年’奋斗目标、实现中华民族伟大复兴的中国梦而奋斗。”由此可见,中华全国妇女联合会的行动指南为:马克思列宁主义、毛泽东思想、邓小平理论、“三个代表”重要思想、科学发展观、习近平新时代中国特色社会主义思想。那么,对妇女联合会农村基层组织来说,其行动指南也必然如此。并且,在《妇女联合会农村基层组织工作条例》中也有相关规定。

依据

《妇女联合会农村基层组织工作条例》第2~3条

83 妇女联合会农村基层组织是怎样的？

疑惑

根据《中华全国妇女联合会章程》的规定，乡镇、街道，行政村、社区应当建立妇女联合会。请问，在农村，妇女联合会农村基层组织是怎样的呢？

解析

妇女联合会在农村的基层组织主要为乡镇妇女联合会和行政村妇女联合会，他们接受同级党组织和上级妇女联合会的双重领导。此外，还有其他一些在农村灵活设置的各类妇女组织，他们接受同级党组织和批准其成立的妇女联合会的双重领导。

根据《妇女联合会农村基层组织工作条例》第6条的规定，乡镇、行政村应当建立妇女联合会。乡镇妇女联合会的领导机构是乡镇妇女代表大会和它所产生的执行委员会，行政村妇女联合会的领导机构是村妇女大会或妇女代表大会和它所产生的执行委员会。乡镇妇女代表大会、行政村妇女大会或妇女代表大会每5年举行1次，与同级党组织换届同步进行。乡镇妇女代表大会、行政村年满18周岁的妇女或妇女代表参加的妇女大会或妇女代表大会选举产生执行委员会，执行委员会全体会议选举主席1人、专兼职副主席若干人,负责日常工作。执行委员会全体会议,一般每年举行2次,可根据工作需要随时召开。

此外,《妇女联合会农村基层组织工作条例》第7条规定,在居住分散的农村山区、牧区,农、林、渔场,非公有制经济组织、专业市场、农民合作社等女性相对集中的地方,根据需要从实际出发灵活设置妇女组织并实行属地化管理。村妇女联合会应向自然村屯、村民小组以及妇女兴趣组织、联谊组织等妇女生产生活最小单元扎根,与网格化管理有效融合,提高本村妇女的组织化程度。对暂不具备建组织条件的,可设立妇女小组,也可通过建设“妇女之家”“妇女微家”等阵地拓展组织覆盖。

依据

《妇女联合会农村基层组织工作条例》第4~7条

84 乡镇妇女联合会、行政村妇女联合会的主要职责和任务有哪些?

疑惑

在乡村振兴的大潮中,广大乡镇妇女联合会、行政村妇女联合会积极行动,发挥组织优势,激发农户家庭尤其是妇女群众参与建设家乡的积极性和主观能动性,带动广大妇女积极就业、创收,为实现乡村振兴立下汗马功劳。请问,乡镇妇女联合会、行政村妇女联合会的主要职责和任务有哪些呢?

解析

乡镇妇女联合会、行政村妇女联合会作为妇女联合会农村基层组织的主要形式,肩负和担当着重要的职责和任务。根据《妇女联合会农村基层组织工作条例》第 9 条的规定,乡镇妇女联合会、行政村妇女联合会的主要职责有以下几个方面。

1. 贯彻执行上级妇女联合会及同级妇女代表大会或妇女大会决议,履行引领服务联系职能。

2. 讨论决定本乡镇或本村妇女工作中的重要问题并及时向乡镇党委或村党组织报告,乡镇妇女联合会应指导所辖行政村妇女联合会等妇女组织开展妇女工作。

3. 乡镇妇女联合会要加强与本乡镇内机关、企事业单位、经济组织、社会组织等的联系与合作,培育以妇女为主体会员的协会、联谊会和农村经济合作组织等,加强对女性社会组织的政治引领、示范带动和联系服务。

4. 加强乡镇妇女联合会、行政村妇女联合会自身建设,指导和规范在农村灵活设置的各类妇女组织,建立完善学习培训、工作会议、评比表彰等工作制度,提升妇女联合会干部引领服务和联系妇女的能力。

根据《妇女联合会农村基层组织工作条例》第10条的规定，乡镇妇女联合会、行政村妇女联合会的主要任务有以下几个方面。

1. 组织农村妇女学习习近平新时代中国特色社会主义思想；培育和践行社会主义核心价值观；开展中国特色社会主义和实现中华民族伟大复兴的中国梦的宣传教育，爱国主义、集体主义和社会主义教育，党的路线方针政策教育，思想道德和民主法治教育；引导农村妇女感党恩、听党话、跟党走。

2. 教育和引导农村妇女发扬自尊、自信、自立、自强精神，鼓励妇女参与农村新产业新业态发展，提高综合素质，实现全面发展，成为有理想、有道德、有文化、有纪律的时代新女性，在乡村全面振兴中发挥积极作用。

3. 引导农村妇女依法、有序、广泛参与村民自治实践，参与基层社会治理，向党和政府反映妇女群众的意见、建议和要求，建立并完善妇女议事会，组织妇女开展议事协商活动，代表妇女参与村务决策，发挥民主参与、民主管理、民主监督作用，推进农村基层民主建设。

4. 维护农村妇女、儿童合法权益，宣传、普及有关妇女、儿童的法律和法规，引导农村妇女合理表达利益诉求，依法维护自身权益。建立发现报告、联防联动等机制，抵制封建迷信、陈规陋习和违法违规宗教活动，反对邪教。配合有关部门打击性侵、拐卖妇女和儿童、嫖娼、卖淫、赌博、吸毒等违法犯罪行为，预防和制止家庭暴力，为权益受侵害的妇女儿童提供帮助，维护社会和谐稳定，推进依法治村。

5. 引导农村妇女发挥培育文明乡风、弘扬中华民族家庭美德、树立良好家风的独特作用,加强家庭、家教、家风建设,开展“五好家庭”创建、寻找“最美家庭”等活动,普及科技、环境保护、妇幼卫生保健和优生、优育、优教等知识,推进移风易俗,倡导厉行节约,反对浪费。指导和推进家庭教育,倡导文明、健康、科学的生活方式。组织农村妇女参加现代远程教育学习。

6. 深入了解留守流动妇女、儿童,困境妇女、儿童等特殊群体和家庭的需求,深化关爱帮扶。

7. 协助党组织做好培养、推荐妇女入党积极分子和基层优秀女干部工作,推动村妇女联合会主席进入村两委,发挥妇女联合会作为培养输送女干部重要基地的作用。

8. 加强网上妇女联合会建设和线上线下“妇女之家”“妇女微家”等阵地建设,为妇女、儿童提供有效服务。

9. 加强妇女联合会农村基层组织建设。

依据

《妇女联合会农村基层组织工作条例》第 9 ~ 10 条

85 乡镇妇女联合会主席和行政村妇女联合会主席应具备哪些基本条件?

疑惑

近日,某县举行了乡镇妇女联合会主席、行政村妇女联合会主席光荣退职和正式履新仪式,近百位新老妇女联合会主席举行了交接活动。据悉,在新一届妇女联合会组织班子中,年轻化、高学历化已经成为趋势,广大优秀女性使农村基层妇女联合会队伍战斗力进一步增强。请问,对乡镇妇女联合会主席和行政村妇女联合会主席来说,应当具备哪些基本条件呢?

解析

乡镇妇女联合会主席、行政村妇女联合会主席作为妇女联合会农村基层组织的领导干部,应具备法定的基本条件:对乡镇妇女联合会主席来说,要政治坚定,勤奋学习,忠于职守,作风扎实,遵纪守法,有参政议政和组织协调能力,热爱妇女、儿童工作;对行政村妇女联合会主席来说,要思想政治素质好、道德品行好、带富能力强、协调能力强,公道正派、廉洁自律,热心为妇女、儿童服务。

此外，根据《中华全国妇女联合会章程》的规定，妇女联合会干部应当做到以下几点。

1. 政治坚定。带头学习贯彻习近平新时代中国特色社会主义思想，在政治立场、政治方向、政治原则、政治道路上同党中央保持高度一致，坚决执行党的基本路线和方针政策。

2. 勤奋学习。学习法律政策、科学文化和妇女工作业务等知识，不断提高综合素质和实际工作能力，增强群众工作本领。

3. 忠于职守。开拓创新，勇于担当，真抓实干，在组织、引导、服务妇女和维护妇女权益方面，努力做出实绩。

4. 作风扎实。深入调查研究，密切联系妇女，增强群众意识，增进群众感情，反对形式主义、官僚主义、享乐主义和奢靡之风，自觉接受群众监督，全心全意为人民服务。

5. 遵纪守法。严守政治纪律和政治规矩，遵守国家法律法规，依法办事，廉洁奉公。

综上所述，对乡镇妇女联合会主席、行政村妇女联合会主席来说，除具备法定的基本条件外，还要做到妇女联合会干部应当做到的几点。此外，乡镇妇女联合会主席、行政村妇女联合会主席还应积极提高自身素质，定期接受妇女联合会的培训。

依据

《妇女联合会农村基层组织工作条例》第 11～12 条

86 农村妇女联合会工作开展的领导和经济保障是什么?

疑惑

某镇妇女联合会为帮助本镇妇女实现就业梦想,因地制宜,结合各村的地域优势,积极组织妇女开展创业创新活动。短短两年时间,成立了“绣娘之家”“乡村网红之家”“妇女种植之家”等大批妇女活动组织,帮助本镇妇女实现了在家就能挣钱的梦想。同时,该镇妇女联合会还积极开展法律宣传活动,使广大妇女知法、懂法,能够依法维权。请问,农村妇女联合会工作和活动予以开展的领导和保障是什么呢?

解析

诚然,对乡镇、行政村等基层妇女联合会来说,其开展工作的先天条件并不是那么优越,这就需要各级领导给予大力支持。对此,《妇女联合会农村基层组织工作条例》有明确的规定。根据该条例第18条、第19条的规定,各级妇女联合会特别是县级妇女联合会应主动加强与乡镇、村党组织的沟通,努力为乡镇、行政村等基层妇女联合会开展工作创造有利条件和环境，各级妇女联合会应满怀热情，关心、关爱农村基层妇女工作者，政治上激励、工作上支持、生活上关心，宣传、表彰先进典型，彰显榜样力量，激励基层妇女联合会新担当、新作为。

此外，开展各种活动几乎都离不开资金的支持。根据《中华全国妇女联合会章程》的规定，妇女联合会的行政经费、业务活动和事业发展经费，主要由政府拨款，列入各级财政预算，并随财政收入的增长或工作需要逐步增加。各级妇女联合会可依法接纳热心妇女、儿童事业的国内外人士及组织的资金和其他物品的捐赠，并依法管理，接受监督。由此可见，妇女联合会组织活动，其经费主要源于政府财政，其他为一些捐赠。其中，在政府财政保障方面，《妇女联合会农村基层组织工作条例》第 20 条明确规定，落实对基层妇女联合会的经费支持和财力保障，按不低于妇女人均 1 元钱标准划拨的经费重点向基层倾斜，乡镇妇女联合会经费应列入同级财政预算，行政村妇女联合会工作经费纳入村级组织运转经费统筹解决，并随财政收入的增长或工作需要逐步增加。

依据

《妇女联合会农村基层组织工作条例》第 18 ~ 20 条

87 父母不让女孩上初中，违法吗？

疑惑

琳琳是某村希望小学六年级的学生。2021 年 6 月，琳琳参加了小学升初中考试，成绩优异，并被本县的重点初中录取。然而，琳琳妈妈说家里的生活并不富裕，女孩子读太多书没有用，琳琳小学毕业就别再上初中了，直接到县城找工作，以解决家里的生计问题。对此，琳琳非常难过，一再和妈妈说自己想继续上学，可是琳琳妈妈坚决不同意。后来，琳琳老师知道了此事，便找到琳琳妈妈，告诉她应当让琳琳继续上初中，否则就是违法的。琳琳妈妈听后十分诧异，自己只是不让女儿读书，怎么会违法呢？请问，父母不让女孩上初中的行为是否违法？

解析

父母不让女孩读初中的行为是违反法律规定的。我国《义务教育法》第 4 条明确规定，在我国，任何适龄的儿童、少年，无论男女，都依法享有平等接受义务教育的权利，并履行接受义务教育的义务。《义务教育法》第 5 条第 2 款也明确规定，适龄儿童、少年的父母有义务保障适龄子女按时入学接受义务教育。《妇女权益保障法》第 18

条还专门规定，父母或者其他监护人必须履行保障适龄女性、儿童、少年接受义务教育的义务。另外，《家庭教育促进法》第 18 条、第 19 条不但明确规定未成年人的父母或者其他监护人应当保障未成年人及时进入学校学习，还要求其必须与中小学校、幼儿园、婴幼儿照护服务机构、社区密切配合，共同促进未成年人的健康成长，也就是说，无论男女，父母都必须保障适龄子女接受义务教育。这既是我国九年义务教育的题中应有之义，也是我国男女平等原则的体现之一。

本案中，琳琳老师的说法是正确的。琳琳作为适龄儿童，其母亲应该让其按时接受义务教育，让琳琳继续读初中。若琳琳妈妈坚持不让其读初中，并且没有正当理由，根据法律规定，琳琳妈妈可能受到当地乡镇人民政府或者县级人民政府教育行政部门的批评教育，并应当限期改正，把琳琳送入中学就读。

依据

《义务教育法》第 4～5 条、第 58 条

《家庭教育促进法》第 18～19 条

《妇女权益保障法》第 18 条

88 妇女、儿童遭受家庭暴力，妇女联合会有何义务？

疑惑

杜某与李某经人介绍相识并登记结婚。婚后，李某发现两人性格不合，而且杜某好吃懒做，经常出去喝酒、赌博。一次，杜某出门喝酒回来，李某劝说杜某，让他以后少喝酒，杜某非常反感，两人因此吵起来，杜某竟然对李某大打出手。后来，两人在亲戚的劝说下和好。之后，李某又多次遭受杜某的家庭暴力。李某为维护自己的权益找到本村的妇女联合会主任，希望可以帮助自己。但是，妇女联合会主任对杜某多有忌惮，不想掺和其中，便对李某说，这是李某的家庭矛盾，还需要自己先想办法解决。请问，妇女、儿童遭受家庭暴力，妇女联合会有何义务？

解析

家庭暴力行为是违法的，我国明确禁止家庭暴力，并通过多种途径为受害人提供帮助。根据《反家庭暴力法》和《妇女权益保障法》的规定，妇女、儿童遭受家庭暴力时，除本人有权依法维护自己的权益外,基层妇女联合会和社会团体有义务为受害的妇女、儿童提供法律救助服务,主要包括:(1)受到家庭暴力的妇女、儿童向妇女联合会投诉时,妇女组织应当维护被侵害妇女的合法权益,如进行劝阻、调解,其也有权要求并协助有关部门或者单位查处。如果发现无民事行为能力人、限制民事行为能力人遭受或者疑似遭受家庭暴力的,应及时向公安机关报案。(2)对受害妇女进行诉讼应当给予支持和帮助。如对有经济困难或者需要司法救助的妇女或儿童,村妇女联合会应当帮助其申请法律援助或者司法救助。

需要注意的是,若村妇女联合会及其工作人员未依法履行职责,对侵害妇女、儿童权益的行为未及时制止或者未给予受害妇女必要帮助,造成严重后果的,由其所在单位或者上级机关依法对直接负责的主管人员和其他直接责任人员给予行政处分,严重的还可能构成犯罪。

在上面的案例中,该村妇女联合会主任的说法和做法是明显错误的,其应当请村委会出面予以劝阻、调解,如果李某需要起诉,他们还应当给予法律方面的帮助。

依据

《妇女权益保障法》第 46 条第 3 款、第 53 ~ 54 条、第 57 条第 2 款

《反家庭暴力法》第 14 条、第 35 ~ 36 条

89 在促进农村优良家风建设方面，妇女联合会可以怎样做？

疑惑

某村村委会收到上级文件，要求深入贯彻落实《进一步加强家庭家教家风建设的实施意见》。吴某是该村的村主任，看到文件后，便要求村委会各部门认真学习文件精神，协助促进农村优良家风的建设，尤其是村妇女联合会。周某是村妇女联合会的负责人，接到任务后便着手准备。然而，周某并不是很清楚在促进农村优良家风建设方面应当如何做。对此，该村妇女联合会有的工作人员提出可以组织相应的主题宣传活动，有的工作人员提出组织知识竞赛。请问，在促进农村优良家风建设方面，农村妇女联合会可以怎样做？

解析

我国《民法典》第 1043 条第 1 款规定："家庭应当树立优良家风，弘扬家庭美德，重视家庭文明建设。"此条即为优良家风条款。家风建设已经上升到法律的高度，我们必须贯彻落实。对优良家风的建设路径，《家庭教育促进法》第 6 条和第 35 条规定，妇女联合会要发挥妇女在弘扬中华民族家庭美德、树立良好家风等方面的独特作用，宣传普及家庭教育知识，通过家庭教育指导机构、社区家长学校、文明家庭建设等多种渠道组织开展家庭教育实践活动，提供家庭教育指导服务。该条明确指出了家风建设的具体做法，也为妇女联合会开展文明家风建设活动指明了方向。

此外，2021 年 7 月，中宣部、中央文明办、中央纪委机关、中组部、国家监委、教育部、全国妇女联合会印发《关于进一步加强家庭家教家风建设的实施意见》，该意见指出，要以社会主义核心价值观引领家庭、家教、家风建设，升华爱国爱家的家国情怀、建设相亲相爱的家庭关系、弘扬向上向善的家庭美德、体现共建共享的家庭追求。

根据上述规定，结合文明家风建设的具体实践，在促进农村优良家风建设方面，农村妇女联合会可从以下几个方面入手：(1)引导村民学习经典家规家训以及优良家风故事；(2)通过发布微信公众号推文、举办活动等形式宣传优良家风，开展宣传教育活动；(3)开展家庭教育实践活动，普及家庭教育知识，并提供家庭教育指导服务。

依据

《民法典》第 1043 条第 1 款

《家庭教育促进法》第 6 条第 2 款、第 35 条

90 在家务农的妇女离婚后，可以分到在外打工的丈夫的财产吗？

疑惑

韩某与郑某是夫妻，自二人结婚后，韩某就一直在某市打工，郑某则留在农村老家务农，并照顾老人和孩子。由于两人长期分居，感情逐渐破裂。2021 年 11 月，郑某发现丈夫韩某在外面有了第三者。为此，她准备向韩某提出离婚。但是，郑某的父母劝她不要离婚，一旦离婚，郑某的父母担心女儿分不到任何财产。郑某的父母认为，韩某一直在外打工，而郑某一直在家务农，无法分得丈夫的财产。请问，郑某父母的想法是否正确？在家务农的妇女离婚后，可以分到在外打工的丈夫的财产吗？

解析

我国《民法典》第 1087 条规定，夫妻离婚时，夫妻的共同财产由双方协议分割，若无法达成协议，则由法院根据实际情况进行判决。因此，首先需要明确，针对夫妻双方的共同财产，夫妻二人是有权协议分割的。而根据《民法典》第 1062 条的规定，夫妻在婚姻关系存续期间所得的下列财产为夫妻的共同财产,归夫妻共同所有:(1)工资、奖金、劳务报酬;(2)生产、经营、投资的收益;(3)知识产权的收益;(4)继承或者受赠的财产,但是遗嘱或者赠与合同中确定只归一方的财产除外;(5)其他应当共同所有的财产。由此可见,在夫妻关系存续期间,工资、奖金、劳务报酬等属于夫妻双方的共同财产,离婚时应当予以分割。

在上面的案例中,虽然郑某在家务农,没有工资收入,但是,其与丈夫韩某的婚姻关系一直处于存续状态,所以在此期间韩某外出打工获得的工资、奖金、劳务报酬等收入属于夫妻共同财产,郑某有权要求分割。

依据

《民法典》第 1062 条、第 1087 条

91 从外地嫁到本村的妇女,应该分到田地吗?

疑惑

李某大学毕业后,到广州某公司工作,并在某次马拉松比赛活动中认识王某。两人相恋多年，感情稳定，后决定相伴终身。1月，李某与王某登记结婚，并将李某位于江西省甲村的农业户口迁入王某所在地广州市乙村。3月，广州市乙村进行了新一轮农村土地承包经营权下放，对乙村新增村民下放了土地承包经营权。请问，本案中从外地嫁入乙村的李某，是否有权分得土地？

解析

根据我国《农村土地承包法》第6条的规定，妇女作为农村集体经济组织成员与男子享有同等的权利，任何组织和个人不得剥夺、侵害妇女应当享有的土地承包经营权。农村集体经济组织中的妇女，有权分得土地，享有土地承包经营权。根据《妇女权益保障法》第33条的规定，从外村嫁到本村的妇女，有权分得土地。但基于现实情况的复杂性及多样性，现实生活中有以下几种情况：(1)当嫁入方所在村进行新一轮农村土地承包经营权下放时，因结婚而新加入该村的妇女有权分得相应的土地。在取得新居住地分得的土地后，原籍所在地的集体经济组织可以收回该妇女的原承包地。(2)若嫁入方所在村人地紧张，无充足的预留土地，也无法调整个别村民的承包地，出嫁妇女无法在新居住地分得土地，那么出嫁妇女原籍所在地的承包地可以保留，原籍所在地的发包方无权收回其原承包地。(3)若出嫁妇女出于自身利益考虑或其他现实因素影响，没有将其户口迁入嫁入地的，此时从外村嫁入本村的妇女不是新居住地的农村集体经济组织成员，无权分得新居住地的土地。

在上面的案例中，李某与王某登记结婚，并将其户口迁入王某所在地广州市乙村，即李某已加入乙村的农村集体经济组织，属于乙村的农村集体经济组织成员，因此，根据《农村土地承包法》第31条的规定，李某因结婚将户口迁入乙村，可以在新居住地乙村取得承包地，但甲村的集体经济组织作为原发包方可以收回李某位于甲村的原承包地。

依据

《农村土地承包法》第6条、第31条

《妇女权益保障法》第32～33条

第三节　乡村民兵组织建设

92 民兵工作的任务是什么？

疑惑

《国防法》第22条明确规定："中华人民共和国的武装力量，由中国人民解放军、中国人民武装警察部队、民兵组成……民兵在军事机关的指挥下，担负战备勤务、执行非战争军事行动任务和防卫作战任务。"如果我们有参军报国之心，未能如愿入伍，参加民兵组织，参与到民兵工作中，也是一种选择。请问，民兵工作的任务是什么？

解析

民兵是中国共产党领导的不脱离生产的群众武装组织，是我国武装力量的组成部分，也是中国人民解放军的助手和后备力量。根据《民兵工作条例》第3条的规定，民兵工作的任务有以下几点。

1. 建立和巩固民兵组织，提高民兵军政素质，配备和管理民兵武器装备，储备战时所需的后备兵员；

2. 发动民兵参加社会主义现代化建设，组织民兵担负战备执勤，维护社会治安；

3. 组织民兵参军参战，支援前线，抵抗侵略，保卫祖国。

我国《宪法》规定，依照法律服兵役和参加民兵组织是我国公民的光荣义务，也就是说，参加民兵是《宪法》规定的义务。一名合格的民兵应做到服从组织领导，听从上级指挥，掌握军事技术，爱护武器装备，学习政治文化，带头参加生产劳动，遵守法律、法规，保护群众利益。

依据

《民兵工作条例》第 3 ~ 4 条、第 8 条

93 民兵干部应当由怎样的人来担任？

疑惑

某县对基干民兵和普通民兵干部任免期间，该县大湾村村民李某一心想当村民兵连长。李某虽然早年当过兵，但他近些年由于自家养猪场占用了大片耕地而受过处罚，并且在村里行事有些霸道，不少村民都有些怕他。请问，像李某这样的人可以当民兵干部吗？选择民兵干部的标准是什么？

解析

民兵干部，是指编入民兵队伍的民兵中的骨干人员，是基层做好民兵预备役工作、征兵工作和战时兵员动员工作的一支重要力量。民兵干部一般采用提名加任命的方式产生。

民兵干部应当由怎样的人来担任呢？根据《民兵工作条例》第12条的规定，民兵干部由政治思想好、身体健康、年纪较轻、有一定文化知识和军事素质、热爱民兵工作的人员担任。转业、退伍军人具备上述条件的优先。

在上面的案例中，李某一心想当民兵连长，虽然他当过兵，是退伍军人，但是由于其在村里行事霸道，又受过处罚，因此不适合担任民兵连长。

依据

《民兵工作条例》第12～13条

94 民兵训练期间有补贴吗？

疑惑

某县拟开展为期半个月的民兵军事训练，请了教官，并拟写了训练大纲。文件下发到各社区、村、单位后，很多人因为担心时间长而耽误工作、生产或农忙。请问，民兵训练期间有相应的补贴吗？

解析

民兵训练是一项必要的措施。现实中，不少民兵都没有当兵的经历，他们很少或几乎没有见过制式的训练装备器材，战场自救互救、战术基础动作等也不熟悉，而民兵作为解放军的助手和后备力量，应当具备相应的作战能力，军事训练必不可少。考虑到民兵的“兼职性”，民兵在参加军事训练期间是有相应的补贴的。对农村民兵来说，由当地人民政府采取平衡负担的办法，按照当地同等劳力的收入水平给予误工补贴。对企事业单位的民兵来说，由原单位照发工资和奖金，原有的福利待遇不变；其伙食补助和往返差旅费由原单位按照国家规定在有关项目中开支。

依据

《民兵工作条例》第 22 条、第 24 条

95 乡人民武装部管理民兵武器装备应履行哪些职责？

疑惑

近日，某县人民武装部召开会议，强调辖区各乡要搞好民兵武器装备管理工作，在提高看护队伍素质的基础上，加强紧急报警、视频监控、红外探测等科技安防。请问，乡人民武装部管理民兵武器装备应履行哪些职责呢？

解析

根据《民兵武器装备管理条例》第 7 条的规定，乡人民武装部管理民兵武器装备，履行下列职责。

1. 根据《民兵武器装备管理条例》和上级军事机关有关民兵武器

装备管理的规定,制定本地区或者本单位民兵武器装备管理的规章制度;

2. 组织、督促所属单位和人员执行民兵武器装备管理法规和规章制度,建立和保持良好的管理秩序;

3. 选配和培训民兵武器装备看管人员和技术人员;

4. 教育民兵武器装备的看管人员和使用人员管好用好武器装备;

5. 做好民兵武器装备的安全和防止事故工作;

6. 掌握民兵武器装备管理情况,及时报告并解决管理中的问题;

7. 完成上级军事机关赋予的与民兵武器装备管理有关的其他工作。

值得注意的是,上述职责不仅基层单位的乡人民武装部要予以履行,军区、省军区、军分区、县人民武装部、企事业单位人民武装部也要予以履行。

依据

《民兵武器装备管理条例》第 7 条

96 保管与使用民兵武器装备必须履行哪些职责，遵守哪些规定？

疑惑

某县人民武装部拟壮大民兵武器装备仓库的看管队伍，挑选一些思想过硬、年龄相对适中、文化水平相对较高的人从事武器弹药保管工作。有消防兵经历的陈某踊跃递交了申请。请问，在保管与使用民兵武器装备方面，相关人员要履行哪些职责，遵守哪些规定呢？

解析

民兵武器装备关乎社会稳定、一方平安，保管好这些武器装备是极其重要的事情。因此，民兵武器装备仓库是人民武装系统安全建设与管理的重点对象。民兵武器装备的看管人员和使用人员应履行以下职责。

1. 遵守民兵武器装备管理法规和规章制度；

2. 熟悉民兵武器装备性能，做到会使用、会保养、会检查、会排除一般故障；

3. 保守民兵武器装备秘密；

4. 做好民兵武器装备的安全和防止事故工作；

5. 看管和使用民兵武器装备的其他有关职责。

对保管与使用民兵武器、弹药的人员来讲，必须遵守下列规定。

1. 不准随意射击、投掷；

2. 不准用与武器非配用的弹药射击；

3. 不准持武器、弹药打闹；

4. 不准随意拆卸武器、弹药和改变其性能；

5. 不准擅自借出武器、弹药；

6. 不准擅自动用武器、弹药打猎；

7. 不准擅自携带武器、弹药；

8. 不准动用武器、弹药参加械斗和参与处理民间纠纷。

依据

《民兵武器装备管理条例》第 8 条、第 28 条

97 擅自出借民兵武器装备，要承担什么后果？

疑惑

刘某是某县民兵武器装备仓库的保管员之一。该县地处山区，近些年随着生态环境的改善，偶有猛兽出现。刘某的表哥吴某家地处偏僻山坳，曾经遇到一次猛兽。在一次家庭聚会上，吴某跟刘某半开玩笑半认真地说，让刘某想办法搞一支枪，借给他放在家中用于防身。请问，如果刘某照做了，要承担怎样的后果？

解析

民兵武器装备管理有严格的规定，离武器装备最近的保管员不得擅自动用，不得擅自出借。根据《民兵工作条例》第28条、《民兵武器装备管理条例》第27条的规定，因执勤、训练需要借用配发给民兵或者民兵组织武器装备的，必须报经县人民武装部批准。

在上面的案例中，如果刘某将枪出借给表哥吴某，根据《民兵武器装备管理条例》第43条的规定，刘某要承担相应的行政责任，甚至可能是刑事责任。

依据

《民兵工作条例》第 **28** 条

《民兵武器装备管理条例》第 **27** 条、第 **43** 条

第四节　乡村经济、文化组织建设

98 如何让农村文化成为乡村振兴的持久动力？

疑惑

党的十九大报告提出：实施乡村振兴战略，要坚持农业农村优先发展，按照产业兴旺、生态宜居、乡风文明、治理有效、生活富裕的总要求，建立健全城乡融合发展体制机制和政策体系，加快农业农村现代化。这是中共中央首次提出乡村振兴战略。而乡村振兴最重要的动力就是从当地文化中汲取精神养料，为乡村振兴提供源源不断的动力。针对当地文化，我们要以辩证的眼光对待，取其精华，去其糟粕。请问，如何让农村文化成为乡村振兴的持久动力呢？

解析

乡村振兴战略的成效决定农村现代化建设的成败,乡村文化振兴是乡村振兴的重要组成部分,弘扬优秀的乡村文化,摒弃不合时宜、落后的乡村文化,是乡村文化振兴的重要内容,也是实现乡村振兴、建设现代化农村的题中应有之义。为有效推进乡村振兴战略的落实,我国颁布了《乡村振兴促进法》,该法第3条规定,乡村振兴的总要求是产业兴旺、生态宜居、乡风文明、治理有效、生活富裕。针对如何实现文明乡风,《乡村振兴促进法》第30条规定了具体路径,即各级人民政府应当采取措施丰富农民文化体育生活,倡导科学健康的生活方式,普及科学知识,推进移风易俗,破除大操大办、铺张浪费等陈规陋习,提倡孝老爱亲、勤俭节约、诚实守信,促进男女平等,创建文明村镇,培育文明乡风。

各级人民政府应当组织开展新时代文明实践活动,加强农村精神文明建设,不断提高乡村社会文明程度。同时,对在乡村振兴促进工作中做出显著成绩的单位和个人,按照国家有关规定给予表彰和奖励。此外,乡村文化中还有一部分是农业文化遗产和非物质文化遗产,比如,代代传承的虎头鞋制作,各级人民政府也应当履行文化保护职责。根据《乡村振兴促进法》第32条的规定,县级以上地方人民政府应当加强对历史文化名镇名村、传统村落的保护,采取措施保护非物质文化遗产。这既有助于激发当地村民的自豪感以及认同感,也有助于吸引青年人才为当地的乡村振兴战略提供智力支持,将乡村文化转变为乡村振兴的不竭动力。

依据

《乡村振兴促进法》第 3 条、第 30 条、第 32 条

99 外地人可以租用村民的闲置房屋办民宿吗？

疑惑

张某大学毕业后在县城的一家酒店工作，收入虽然不算高，但是很稳定。2019 年 12 月，张某的大学同学杜某告诉他，自己想要创业，打算到村里租用闲置民房改建成民宿发展乡村旅游，希望张某也可以加入。杜某补充：在村里办民宿不仅可以增加自己的收入，还可以带动乡村的经济发展，而且办民宿刚好可以用到酒店管理的经验，等民宿做大了，还可以开培训班，对村民进行礼仪、民宿服务技能等方面的培训，发展前景非常广阔。张某虽然很心动，但是有一点迟疑，担心自己作为外地的城镇居民不能租用村民的闲置房屋办民宿。请问，外地人可以租用村民的闲置房屋办民宿吗？

解析

外地人可以租用村民的闲置房屋办民宿。根据《中央农村工作领导小组办公室、农业农村部关于进一步加强农村宅基地管理的通知》第5条的规定，村集体或者农民可以利用闲置的宅基地或者闲置住宅，通过自主经营、合作经营或者委托经营的方式，依法依规发展“农家乐”、民宿、乡村旅游等。城镇居民、工商资本等租赁农房居住或者开展经营的，不得违反《民法典》合同编的规定，租赁合同的期限最长为20年，合同到期后，双方可以续签。根据上述规定，国家鼓励盘活利用闲置宅基地和闲置住宅创办“农家乐”等，也允许外地人租用村民的闲置房屋办民宿，但是应当遵守《民法典》合同编的相关规定，比如，租期不得超过20年，合同到期后，出租方和承租方可以另行约定租赁期限。

需要注意的是，为了充分保障宅基地农户资格和农民房屋财产权，《中央农村工作领导小组办公室、农业农村部关于进一步加强农村宅基地管理的通知》第6条明确规定，城镇居民不得到农村购买宅基地，不得利用农村宅基地建设别墅大院和私人会馆。

在上面的案例中，张某虽然是外地人，但他仍然可以租用农民的闲置房屋经营民宿。他作为城镇居民不得购买宅基地建设别墅大院和私人会馆。

依据

《中央农村工作领导小组办公室、农业农村部关于进一步加强农村宅基地管理的通知》第5~6条

100 申请非物质文化遗产应满足哪些条件？

疑惑

段某甲有一项祖传的技艺，而且有一定的传承价值。段某甲的父亲段某是一名资深中医，一生潜心研究中医药治病理论和实践，通过查阅古籍、研读祖传秘方，并热心为当地百姓诊疗疾病，最终研究出一副对治疗肝炎有显著效果的药方。段某将这个药方传给了段某甲，段某甲又将药方做了一定的改进，疗效更加显著，明显减少了病人的痛苦。段某甲打算将这个药方传承下去，然而段某甲的孙子段小某从北京中医药大学中医学专业毕业后去了美国康奈尔大学继续深造，段小某想从事流行病学研究，并不打算从事中医研究。段某甲不忍心让这样的药方失传，打算通过申请非物质文化遗产来保护这项祖传的技艺。请问，申请非物质文化遗产应该满足哪些条件呢？

解析

根据《非物质文化遗产法》第 2 条的规定,非物质文化遗产有多种表现形式,主要有传统口头文学以及作为其载体的语言;传统美术、书法、音乐、舞蹈、戏剧、曲艺和杂技;传统技艺、医药和历法;传统礼仪、节庆等民俗;传统体育和游艺等。至于上述哪些传统文化表现形式能够申请为非物质文化遗产,《非物质文化遗产法》第 18 条作出了具体规定,即非物质文化遗产项目应当能够体现中华民族优秀传统文化,具有历史、文学、艺术或者科学价值。这一规定可以理解为申请非物质文化遗产的条件,满足这一条件的传统文化即可以申请非物质文化遗产。而申请非物质文化遗产还要满足程序上的要求,《非物质文化遗产法》第 19 条规定了具体的程序性事项,比如,项目介绍资料、具体的传承情况说明、想要实现的保护目标等。

依据

《非物质文化遗产法》第 2 条、第 18～19 条

APPENDIX

附　录

中国共产党农村工作条例

(2019年6月24日中共中央政治局会议审议批准
2019年8月19日中共中央发布)

第一章 总 则

第一条 为了坚持和加强党对农村工作的全面领导,贯彻党的基本理论、基本路线、基本方略,深入实施乡村振兴战略,提高新时代党全面领导农村工作的能力和水平,根据《中国共产党章程》,制定本条例。

第二条 党的农村工作必须高举中国特色社会主义伟大旗帜,坚持以马克思列宁主义、毛泽东思想、邓小平理论、“三个代表”重要思想、科学发展观、习近平新时代中国特色社会主义思想为指导,增强政治意识、大局意识、核心意识、看齐意识,坚定道路自信、理论自信、制度自信、文化自信,坚决维护习近平总书记党中央的核心、全党的核心地位,坚决维护党中央权威和集中统一领导,紧紧围绕统筹推进“五位一体”总体布局和协调推进“四个全面”战略布局,坚持稳中求进工作总基调,贯彻新发展理念,落实高质量发展要求,以实施乡村振兴战略为总抓手,健全党领导农村工作的组织体系、制度体系和工作机制,加快推进乡村治理体系和治理能力现代化,加快推进农业农村现代化,让广大农民过上更加美好的生活。

第三条 农业农村农民(以下简称“三农”)问题是关系国计民生的根本性

问题。坚持把解决好“三农”问题作为全党工作重中之重，把解决好吃饭问题作为治国安邦的头等大事，坚持农业农村优先发展，坚持多予少取放活，推动城乡融合发展，集中精力做好脱贫攻坚、防贫减贫工作，走共同富裕道路。

第四条 党的农村工作必须遵循以下原则：

（一）坚持党对农村工作的全面领导，确保党在农村工作中总揽全局、协调各方，保证农村改革发展沿着正确的方向前进；

（二）坚持以人民为中心，尊重农民主体地位和首创精神，切实保障农民物质利益和民主权利，把农民拥护不拥护、支持不支持作为制定党的农村政策的依据；

（三）坚持巩固和完善农村基本经营制度，夯实党的农村政策基石；

（四）坚持走中国特色社会主义乡村振兴道路，推进乡村产业振兴、人才振兴、文化振兴、生态振兴、组织振兴；

（五）坚持教育引导农民听党话、感党恩、跟党走，把农民群众紧紧团结在党的周围，筑牢党在农村的执政基础；

（六）坚持一切从实际出发，分类指导、循序渐进，不搞强迫命令、不刮风、不一刀切。

第二章 组织领导

第五条 实行中央统筹、省负总责、市县乡抓落实的农村工作领导体制。

第六条 党中央全面领导农村工作，统一制定农村工作大政方针，统一谋划农村发展重大战略，统一部署农村重大改革。党中央定期研究农村工作，每年召开农村工作会议，根据形势任务研究部署农村工作，制定出台指导农村工作的文件。

第七条 党中央设立中央农村工作领导小组，在中央政治局及其常务委员会的领导下开展工作,对党中央负责,向党中央和总书记请示报告工作。

中央农村工作领导小组发挥农村工作牵头抓总、统筹协调等作用,定期分析农村经济社会形势,研究协调“三农”重大问题,督促落实党中央关于农村工作重要决策部署。

中央农村工作领导小组各成员单位应当加强对本单位本系统农村工作的领导,落实职责任务,加强部门协同,形成农村工作合力。

中央农村工作领导小组下设办公室,承担中央农村工作领导小组日常事务。

第八条 省(自治区、直辖市)党委应当定期研究本地区农村工作,定期听取农村工作汇报,决策农村工作重大事项,召开农村工作会议,制定出台农村工作政策举措,抓好重点任务分工、重大项目实施、重要资源配置等工作。

第九条 市(地、州、盟)党委应当把农村工作摆上重要议事日程,做好上下衔接、域内协调、督促检查工作,发挥好以市带县作用。

第十条 县(市、区、旗)党委处于党的农村工作前沿阵地,应当结合本地区实际,制定具体管用的工作措施,建立健全职责清晰的责任体系,贯彻落实党中央以及上级党委关于农村工作的要求和决策部署。县委书记应当把主要精力放在农村工作上,深入基层调查研究,加强统筹谋划,狠抓工作落实。

第十一条 县级以上地方党委应当设立农村工作领导小组,省市级农村工作领导小组一般由同级党委副书记任组长,县级农村工作领导小组由县委书记任组长,其成员由党委和政府有关负责人以及相关部门主要负责人组成。

第十二条 加强各级党委农村工作部门建设,做好机构设置和人员配置工作。各级党委农村工作部门履行决策参谋、统筹协调、政策指导、推动落实、督导检查等职能。

第十三条 各级党委应当完善农村工作领导决策机制,注重发挥人大代表和政协委员作用,注重发挥智库和专业研究机构作用,提高决策科学化水平。

第三章　主要任务

第十四条　加强党对农村经济建设的领导。巩固和加强农业基础地位，实施藏粮于地、藏粮于技战略，严守耕地红线，确保谷物基本自给、口粮绝对安全。深化农业供给侧结构性改革，构建现代农业产业体系、生产体系、经营体系，促进农村一二三产业融合发展，发展壮大农村集体经济，促进农民持续增收致富。坚决打赢脱贫攻坚战，巩固和扩大脱贫攻坚成果。

第十五条　加强党对农村社会主义民主政治建设的领导。完善基层民主制度，深化村民自治实践，健全村党组织领导的充满活力的村民自治机制，丰富基层民主协商形式，保证农民依法实行民主选举、民主协商、民主决策、民主管理、民主监督。严厉打击农村黑恶势力、宗族恶势力，严厉打击各类违法犯罪，严厉打击暴力恐怖活动，保障人民生命财产安全，促进农村社会公平正义。坚决取缔各类非法宗教传播活动，巩固农村基层政权。

第十六条　加强党对农村社会主义精神文明建设的领导。培育和践行社会主义核心价值观，在农民群众中深入开展中国特色社会主义、习近平新时代中国特色社会主义思想宣传教育，建好用好新时代文明实践中心。加强农村思想道德建设，传承发展提升农村优秀传统文化，推进移风易俗。加强农村思想政治工作，广泛开展民主法治教育。深入开展农村群众性精神文明创建活动，丰富农民精神文化生活，提高农民科学文化素质和乡村社会文明程度。

第十七条　加强党对农村社会建设的领导。坚持保障和改善农村民生，大力发展教育、医疗卫生、养老、文化体育、社会保障等农村社会事业，加快改善农村公共基础设施和基本公共服务条件，提升农民生活质量。建立健全党委领导、政府负责、社会协同、公众参与、法治保障、科技支撑的现代乡村社会治理体制，健全党组织领导下的自治、法治、德治相结合的乡村治理体系，建设充满活力、和谐有序的乡村社会。

第十八条　加强党对农村生态文明建设的领导。牢固树立和践行绿水青山就是金山银山的发展理念，统筹山水林田湖草系统治理，促进农业绿色发展，加强农村生态环境保护，改善农村人居环境，建设生态宜居美丽乡村。

第十九条　加强农村党的建设。以提升组织力为重点，突出政治功能，把农村基层党组织建设成为宣传党的主张、贯彻党的决定、领导基层治理、团结动员群众、推动改革发展的坚强战斗堡垒，发挥党员先锋模范作用。坚持农村基层党组织领导地位不动摇，乡镇党委和村党组织全面领导乡镇、村的各类组织和各项工作。村党组织书记应当通过法定程序担任村民委员会主任和村级集体经济组织、合作经济组织负责人，推行村“两委”班子成员交叉任职。加强村党组织对共青团、妇联等群团组织的领导，发挥它们的积极作用。健全村党组织领导下的议事决策机制、监督机制，建立健全村务监督委员会，村级重大事项决策实行“四议两公开”。各级党委特别是县级党委应当认真履行农村基层党建主体责任，坚持抓乡促村，选优配强村党组织书记，整顿软弱涣散村党组织，加强党内激励关怀帮扶，健全以财政投入为主的稳定的村级组织运转经费保障制度，持续加强基本队伍、基本活动、基本阵地、基本制度、基本保障建设。

各级党委应当推动全面从严治党向基层延伸，深入推进农村党风廉政建设，加强农村纪检监察工作，把落实农村政策情况作为巡视巡察重要内容，建立健全农村权力运行监督制度，持续整治侵害农民利益的不正之风和群众身边的腐败问题。

第四章　队伍建设

第二十条　各级党委应当把懂农业、爱农村、爱农民作为基本要求，加强农村工作队伍建设。

各级党委和政府主要负责人应当懂“三农”、会抓“三农”，分管负责人应当成为抓“三农”的行家里手。加强农村工作干部队伍的培养、配备、管理、使用，健全培养锻炼制度，选派优秀干部到县乡挂职任职、到村担任第一书记，把到农村一线工作锻炼、干事创业作为培养干部的重要途径，注重提拔使用实绩优秀的农村工作干部。

农村工作干部应当增强做群众工作的本领，改进工作作风，深入基层，认真倾听农民群众呼声，不断增进与农民群众的感情，坚决反对“四风”特别是形式主义、官僚主义。

第二十一条 各级党委应当加强农村人才队伍建设。建立县域专业人才统筹使用制度和农村人才定向委托培养制度。大力提高乡村教师、医生队伍素质。加强农业科技人才队伍和技术推广队伍建设。培养一支有文化、懂技术、善经营、会管理的高素质农民队伍，造就更多乡土人才。

第二十二条 各级党委应当发挥工会、共青团、妇联、科协、残联、计生协等群团组织的优势和力量，发挥各民主党派、工商联、无党派人士等积极作用，支持引导农村社会工作和志愿服务发展，鼓励社会各界投身乡村振兴。

第五章　保障措施

第二十三条 各级党委应当注重发挥改革对农业农村发展的推动作用。以处理好农民和土地的关系为主线推动深化农村改革，坚持农村土地农民集体所有，坚持家庭经营基础性地位，坚持保持土地承包关系稳定并长久不变，健全符合社会主义市场经济要求的农村经济体制，把实现好、维护好、发展好广大农民的根本利益作为出发点和落脚点，与时俱进推动“三农”理论创新、实践创新、制度创新，调动亿万农民的积极性、主动性、创造性，不断解放和发展农村社会生产力。

第二十四条 各级党委应当注重发挥投入对农业农村发展的支撑作用。推动建立“三农”财政投入稳定增长机制，加大强农惠农富农政策力度，完善农业支持保护制度，健全商业性金融、合作性金融、政策性金融相结合的农村金融服务体系，拓宽资金筹措渠道，确保“三农”投入力度不断增强、总量持续增加。

第二十五条 各级党委应当注重发挥科技教育对农业农村发展的引领作用。深入实施科教兴农战略，健全国家农业科技创新体系、现代农业教育体系、农业技术推广服务体系，把农业农村发展转到创新驱动发展的轨道上来。

第二十六条 各级党委应当注重发挥乡村规划对农业农村发展的导向作用。坚持规划先行，突出乡村特色，保持乡村风貌，加强各类规划统筹管理和系统衔接，推动形成城乡融合、区域一体、多规合一的规划体系，科学有序推进乡村建设发展。

第二十七条 各级党委应当注重发挥法治对农业农村发展的保障作用。坚持法治思维，增强法治观念，健全农业农村法律体系，加强农业综合执法，保障农民合法权益，自觉运用法治方式深化农村改革、促进农村发展、维护农村稳定，提高党领导农村工作法治化水平。

第六章 考核监督

第二十八条 健全五级书记抓乡村振兴考核机制。地方各级党委和政府主要负责人、农村基层党组织书记是本地区乡村振兴工作第一责任人。上级党委和政府应当对下级党委和政府主要负责人、农村基层党组织书记履行第一责任人职责情况开展督查考核，并将考核结果作为干部选拔任用、评先奖优、问责追责的重要参考。

第二十九条 各省（自治区、直辖市）党委和政府每年向党中央、国务院报告乡村振兴战略实施情况，省以下各级党委和政府每年向上级党委和政府报告乡村振兴战略实施情况。

第三十条 实行市县党政领导班子和领导干部推进乡村振兴战略实绩考核制度,将抓好农村工作特别是推进乡村振兴战略实绩、贫困县精准脱贫成效作为政绩考核的重要内容,由上级党委统筹安排实施,考核结果作为对市县党政领导班子和有关领导干部综合考核评价的重要依据。

第三十一条 地方各级党政领导班子和主要负责人不履行或者不正确履行农村工作职责的,应当依照有关党内法规和法律法规予以问责;对农村工作履职不力、工作滞后的,上级党委应当约谈下级党委,本级党委应当约谈同级有关部门。

第三十二条 中央和地方党政机关各涉农部门应当认真履行贯彻落实党中央关于农村工作各项决策部署的职责,贴近基层服务农民群众,不得将部门职责转嫁给农村基层组织。不履行或者不正确履行职责的,应当依照有关党内法规和法律法规予以问责。

第三十三条 各级党委应当建立激励机制,鼓励干部敢于担当作为、勇于改革创新、乐于奉献为民,按照规定表彰和奖励在农村工作中作出突出贡献的集体和个人。

第七章 附 则

第三十四条 各省(自治区、直辖市)党委可以根据本条例,结合本地区情况制定实施办法。

第三十五条 本条例由中央农村工作领导小组办公室负责解释。

第三十六条 本条例自2019年8月19日起施行。

中国共产党基层组织选举工作条例（节录）

（2020年6月29日中共中央政治局会议审议批准
2020年7月13日中共中央发布）

……

第五条　正式党员有表决权、选举权、被选举权。受留党察看处分的党员在留党察看期间没有表决权、选举权和被选举权；预备党员没有表决权、选举权和被选举权。党员被依法留置、逮捕的，党组织应当按照管理权限中止其表决权、选举权和被选举权等党员权利。

第六条　选举应当充分发扬民主，尊重和保障党员的民主权利，体现选举人的意志。任何组织和个人不得以任何方式强迫选举人选举或者不选举某个人。

第二章　代表的产生

第七条　党员代表大会的代表应当自觉增强“四个意识”、坚定“四个自信”、做到“两个维护”，遵守党章党规党纪和法律法规，具有履行职责的能力，能反映本选举单位的意见，代表党员的意志。

第八条　代表的名额一般为100名至200名，最多不超过300名。具体名额由召集党员代表大会的党组织按照有利于党员了解和直接参与党内事务，有利于讨论决定问题的原则确定，报上级党组织批准。

代表名额的分配根据所辖党组织数量、党员人数和代表具有广泛性的原则确定。优化代表结构，确保生产和工作一线代表比例。

大型国有企业、高等学校召开党员代表大会，其二级企业、直属单位党组织隶属其他地方或者单位党组织，且党员人数较多的，可以适当分配一定代表名额。

第九条　代表候选人的差额不少于应选人数的20%。

第十条　代表产生的主要程序是：

（一）从党支部开始推荐提名。根据多数党组织和党员的意见，提出代表候选人推荐人选。

（二）选举单位就代表候选人推荐人选与上级党组织沟通，提出代表候选人初步人选。采取适当方式加强审核把关，可以对代表候选人初步人选在一定范围内公示。

（三）选举单位研究确定代表候选人预备人选，报召开党员代表大会的党的基层委员会审查。

（四）选举单位召开党员大会或者党员代表大会，根据多数选举人的意见确定候选人，进行选举。

第十一条　上届党的委员会成立代表资格审查小组，负责对代表的产生程序和资格进行审查。

代表的产生不符合规定程序的，应当责成原选举单位重新进行选举；代表不具备资格的，应当责成原选举单位撤换。

代表资格审查小组应当向党员代表大会预备会议报告审查情况。经审查通过后的代表，获得正式资格。

第三章　委员会的产生

第十二条　党的基层组织设立的委员会委员候选人，按照德才兼备、以德为先和班子结构合理的原则提名。

不同领域、不同类型和不同层级党的基层组织，其委员候选人的条件，根据党中央精神和上级党组织要求，可以结合实际情况进一步细化。

第十三条　委员候选人的差额不少于应选人数的20%。

第十四条　党的总支部委员会、支部委员会委员的产生，由上届委员会根据多数党员的意见提出人选，报上级党组织审查同意后，组织党员酝酿确定候选人，在党员大会上进行选举。

第十五条　党的基层委员会和经批准设立的纪律检查委员会委员的产生，召开党员大会的，由上届党的委员会根据所辖多数党组织的意见提出人选，报上级党组织审查同意后，组织党员酝酿确定候选人，提交党员大会进行选举；召开党员代表大会的，由上届党的委员会根据所辖多数党组织的意见提出人选，报上级党组织审查同意后，提请大会主席团讨论通过，由大会主席团提交各代表团（组）酝酿讨论，根据多数代表的意见确定候选人，提交党员代表大会进行选举。

第十六条　党的基层组织设立的委员会的书记、副书记的产生，由上届委员会提出候选人，报上级党组织审查同意后，在委员会全体会议上进行选举。

不设委员会的党支部书记、副书记的产生，由全体党员充分酝酿，提出候选人，报上级党组织审查同意后进行选举。

第十七条　经批准设立常务委员会的委员会，其常务委员会委员候选人，由上届委员会按照比应选人数多1至2人的差额提出，报上级党组织审查同意后，在委员会全体会议上进行选举。

第十八条　委员会委员在任期内出缺，一般应当召开党员大会或者党员代表大会补选。

上级党的组织认为有必要时，可以调动或者指派下级党组织的负责人。

第四章　选举的实施

第十九条　进行选举时,有选举权的到会人数不少于应到会人数的五分之四,会议有效。

第二十条　召开党员大会进行选举,由上届委员会主持。不设委员会的党支部进行选举,由上届党支部书记主持。

召开党员代表大会进行选举,由大会主席团主持。大会主席团成员由上届党的委员会或者各代表团(组)从代表中提名,经全体代表酝酿讨论,提交党员代表大会预备会议表决通过。

委员会第一次全体会议选举常务委员会委员和书记、副书记,召开党员代表大会的,由大会主席团指定1名新选出的委员主持;召开党员大会的,由上届委员会推荐1名新当选的委员主持。

第二十一条　选举前,选举单位的党组织或者大会主席团应当以适当方式将候选人的简历、工作实绩和主要优缺点向选举人作出实事求是的介绍,对选举人提出的询问作出负责的答复。根据选举人的要求,可以组织候选人与选举人见面,回答选举人提出的问题。

第二十二条　选举设监票人,负责对选举全过程进行监督。

党员大会或者党员代表大会选举的监票人,由全体党员或者各代表团(组)从不是候选人的党员或者代表中推选,经党员大会、党员代表大会或者大会主席团会议表决通过。

委员会选举的监票人,从不是书记、副书记、常务委员会委员候选人的委员中推选,经全体委员表决通过。

第二十三条　选举设计票人。计票人在监票人监督下进行工作。

第二十四条　选举采用无记名投票的方式。选票上的代表和委员、常务委员会委员候选人名单以姓氏笔画为序排列，书记、副书记候选人名单按照上级党组织批准的顺序排列。

选举人不能填写选票的，可以由本人委托非候选人按照选举人的意志代写。因故未出席会议的党员或者代表不能委托他人代为投票。

第二十五条 选举人对候选人可以投赞成票或者不赞成票，也可以弃权。投不赞成票者可以另选他人。

第二十六条 投票结束后，监票人、计票人应当将投票人数、发出选票数和收回选票数加以核对，作出记录，由监票人签字并报告被选举人的得票数。

第二十七条 选举收回的选票数，等于或者少于投票人数，选举有效；多于投票人数，选举无效，应当重新选举。

每一选票所选人数，等于或者少于规定应选人数的为有效票，多于规定应选人数的为无效票。

第二十八条 实行差额预选时，赞成票超过应到会有选举权人数半数的，方可列为正式候选人。

第二十九条 进行正式选举时，被选举人获得的赞成票超过应到会有选举权人数半数的，始得当选。

获得赞成票超过半数的被选举人数多于应选名额时，以得票多少为序，至取足应选名额为止。如遇票数相等不能确定当选人时，应当就票数相等的被选举人再次投票，得赞成票多的当选。

获得赞成票超过半数的被选举人数少于应选名额时，对不足的名额另行选举。如果接近应选名额，经半数以上选举人同意或者大会主席团决定，也可以减少名额，不再进行选举。

第三十条 被选举人得票情况，包括得赞成票、不赞成票、弃权票和另选他人等，预选时由监票人向上届委员会或者大会主席团报告，正式选举时由监票人向选举人报告。

第三十一条 当选人名单由会议主持人向选举人宣布。

当选的党员代表大会代表、委员会委员,其名单以姓氏笔画为序排列。

当选的常务委员会委员和书记、副书记,其名单按照上级党组织批准的顺序排列。

……

中国共产党农村基层组织工作条例

(2018年11月26日中共中央政治局会议审议批准
2018年12月28日中共中央发布)

第一章 总 则

第一条 农村工作在党和国家事业全局中具有重要战略地位,是全党工作的重中之重。为了认真贯彻落实新时代党的建设总要求和新时代党的组织路线,坚持和加强党对农村工作的全面领导,深入实施乡村振兴战略,推动全面从严治党向基层延伸,提高党的农村基层组织建设质量,为新时代乡村全面振兴提供坚强政治和组织保证,根据《中国共产党章程》,制定本条例。

第二条 乡镇党的委员会(以下简称乡镇党委)和村党组织(村指行政村)是党在农村的基层组织,是党在农村全部工作和战斗力的基础,全面领导乡镇、村的各类组织和各项工作。必须坚持党的农村基层组织领导地位不动摇。

第三条 党的农村基层组织必须高举中国特色社会主义伟大旗帜,坚持以马克思列宁主义、毛泽东思想、邓小平理论、“三个代表”重要思想、科学发展观、习近平新时代中国特色社会主义思想为指导，坚决维护习近平总书记党中央的核心、全党的核心地位，坚决维护党中央权威和集中统一领导，牢固树立“四个意识”，坚定“四个自信”，做到“四个服从”，坚持党要管党、全面从严治党，以提升组织力为重点，突出政治功能，努力成为宣传党的主张、贯彻党的决定、领导基层治理、团结动员群众、推动改革发展的坚强战斗堡垒。

第二章　组织设置

第四条　乡镇应当设立党的基层委员会。乡镇党委每届任期 5 年，由党员大会或者党员代表大会选举产生。

第五条　以村为基本单元设置党组织。有正式党员 3 人以上的村，应当成立党支部；不足 3 人的，可以与邻近村联合成立党支部。党员人数超过 50 人的村，或者党员人数虽不足 50 人、确因工作需要的村，可以成立党的总支部。党员人数 100 人以上的村，根据工作需要，经县级地方党委批准，可以成立党的基层委员会，下设若干党支部；村党的委员会受乡镇党委领导。

村党的委员会、总支部委员会、支部委员会每届任期 5 年，由党员大会选举产生。党员人数 500 人以上的村党的委员会，经乡镇党委批准，可以由党员代表大会选举产生。

第六条　县以上有关部门驻乡镇的单位，应当根据党员人数和工作需要成立党的基层组织。这些党组织，除党中央另有规定的以外，受乡镇党委领导。

第七条　农村经济组织、社会组织具备单独成立党组织条件的，根据工作需要，可以成立党组织，一般由所在村党组织或者乡镇党委领导。在跨村跨乡镇的经济组织、社会组织中成立的党组织，由批准其成立的上级党组织或者县级党委组织部门确定隶属关系。

村改社区应当同步调整或者成立党组织。

村及以下成立或者撤销党组织,必须经乡镇党委或者以上党组织批准。

第八条 乡镇党委一般设委员7至9名,其中书记1名、副书记2至3名,应当设组织委员、宣传委员,纪委书记由党委委员兼任。党委委员按照乡镇领导职务配备,应当进行合理分工,保证各项工作有人负责。

村党的支部委员会一般设委员3至5名,其中书记1名,必要时可以设副书记1名;正式党员不足7人的支部,不设支部委员会。村党的总支部委员会一般设委员5至7名,其中书记1名、副书记1名、纪检委员1名。村党的委员会一般设委员5至7名,最多不超过9名,其中书记1名、副书记1至2名、纪委书记1名。

第三章 职责任务

第九条 乡镇党委的主要职责是:

(一)宣传和贯彻执行党的路线方针政策和党中央、上级党组织及本乡镇党员代表大会(党员大会)的决议。

(二)讨论和决定本乡镇经济建设、政治建设、文化建设、社会建设、生态文明建设和党的建设以及乡村振兴中的重大问题。需由乡镇政权机关或者集体经济组织决定的重要事项,经乡镇党委研究讨论后,由乡镇政权机关或者集体经济组织依照法律和有关规定作出决定。

(三)领导乡镇政权机关、群团组织和其他各类组织,加强指导和规范,支持和保证这些机关和组织依照国家法律法规以及各自章程履行职责。

(四)加强乡镇党委自身建设和村党组织建设,以及其他隶属乡镇党委的党组织建设,抓好发展党员工作,加强党员队伍建设。维护和执行党的纪律,监督党员干部和其他任何工作人员严格遵守国家法律法规。

（五）按照干部管理权限，负责对干部的教育、培训、选拔、考核和监督工作。协助管理上级有关部门驻乡镇单位的干部。做好人才服务和引进工作。

（六）领导本乡镇的基层治理，加强社会主义民主法治建设和精神文明建设，加强社会治安综合治理，做好生态环保、美丽乡村建设、民生保障、脱贫致富、民族宗教等工作。

第十条　村党组织的主要职责是：

（一）宣传和贯彻执行党的路线方针政策和党中央、上级党组织及本村党员大会（党员代表大会）的决议。

（二）讨论和决定本村经济建设、政治建设、文化建设、社会建设、生态文明建设和党的建设以及乡村振兴中的重要问题并及时向乡镇党委报告。需由村民委员会提请村民会议、村民代表会议决定的事情或者集体经济组织决定的重要事项，经村党组织研究讨论后，由村民会议、村民代表会议或者集体经济组织依照法律和有关规定作出决定。

（三）领导和推进村级民主选举、民主决策、民主管理、民主监督，推进农村基层协商，支持和保障村民依法开展自治活动。领导村民委员会以及村务监督委员会、村集体经济组织、群团组织和其他经济组织、社会组织，加强指导和规范，支持和保证这些组织依照国家法律法规以及各自章程履行职责。

（四）加强村党组织自身建设，严格组织生活，对党员进行教育、管理、监督和服务。负责对要求入党的积极分子进行教育和培养，做好发展党员工作。维护和执行党的纪律。加强对村、组干部和经济组织、社会组织负责人的教育、管理和监督，培养村级后备力量。做好本村招才引智等工作。

（五）组织群众、宣传群众、凝聚群众、服务群众，经常了解群众的批评和意见，维护群众正当权利和利益，加强对群众的教育引导，做好群众思想政治工作。

（六）领导本村的社会治理，做好本村的社会主义精神文明建设、法治宣传教育、社会治安综合治理、生态环保、美丽村庄建设、民生保障、脱贫致富、民族宗教等工作。

第十一条 党员人数较多的村党支部，可以划分若干党小组。党小组在支部委员会领导下开展工作，组织党员学习和参加组织生活，检查党员履行义务、行使权利和执行支部委员会、党员大会决议的情况，反映党员、群众的意见。

第四章 经济建设

第十二条 党的农村基层组织应当加强对经济工作的领导，坚持以经济建设为中心，贯彻创新、协调、绿色、开放、共享的发展理念，加快推进农业农村现代化，持续增加农民收入，不断满足群众对美好生活的需要。具体任务包括：

（一）坚持以公有制为主体、多种所有制经济共同发展的基本经济制度，巩固和完善农村基本经营制度，坚持农村土地集体所有，坚持家庭经营基础性地位，坚持稳定土地承包关系，走共同富裕之路。

（二）稳定发展粮食生产，发展多种经营应当同支持和促进粮食生产相结合。

（三）推动乡村产业振兴，推进农村一二三产业融合发展，让农民合理分享全产业链增值收益。

（四）坚持绿水青山就是金山银山理念，实现农业农村绿色发展、可持续发展。

（五）领导制定本地经济发展规划，组织、动员各方面力量保证规划实施。

（六）组织党员、群众学习农业科学技术知识，运用科技发展经济。吸引各类人才到农村创业创新。

第十三条 党的农村基层组织应当动员和带领群众全力打赢脱贫攻坚战，如期实现脱贫目标，巩固发展脱贫攻坚成果、防止返贫，组织发展乡村致富产业，推动农民就业创业，教育引导农民既“富口袋”又“富脑袋”，依靠自己的辛勤劳动创造幸福美好生活。

第十四条　党的农村基层组织应当因地制宜推动发展壮大集体经济，领导和支持集体经济组织管理集体资产，协调利益关系，组织生产服务和集体资源合理开发，确保集体资产保值增值，确保农民受益。

第五章　精神文明建设

第十五条　党的农村基层组织应当组织群众学习习近平新时代中国特色社会主义思想，培育和践行社会主义核心价值观，开展中国特色社会主义和实现中华民族伟大复兴的中国梦宣传教育，爱国主义、集体主义和社会主义教育，党的路线方针政策教育，思想道德和民主法治教育，引导农民正确处理国家、集体、个人三者之间的利益关系，培养有理想、有道德、有文化、有纪律的新型农民。

党的农村基层组织应当加强群众培训，通过新时代文明实践中心（所、站）、农民夜校等渠道，深入宣传教育群众，用中国特色社会主义文化、社会主义思想道德牢牢占领农村思想文化阵地。

第十六条　党的农村基层组织应当改善农村人居环境，倡导文明健康生活方式。传承发展提升农村优秀传统文化，保护传统村落，加强农村文化设施建设，开展健康有益的文体活动。改善办学条件，普及义务教育。开展文明村镇、文明家庭创建活动，破除封建迷信和陈规陋习，推进移风易俗，弘扬时代新风。

第十七条　党的农村基层组织应当加强和改进思想政治工作。宣传党组织和党员先进事迹，宣传好人好事，弘扬真善美，传播正能量。了解群众思想状况，帮助解决实际困难，引导群众自觉听党话、感党恩、跟党走。

第十八条　党的农村基层组织应当加强对党员、群众的无神论宣传教育，引导党员、群众自觉抵制腐朽落后文化侵蚀，弘扬科学精神，普及科学知识。做好农村宗教工作，加强对信教群众的工作，管理好宗教活动场所，依法制止利用宗教干涉农村公共事务，坚决抵御非法宗教活动和境外渗透活动。必须在意识形态上站稳立场,旗帜鲜明反对各种错误观点,同一切歪风邪气、违法犯罪行为作斗争。

第六章　乡村治理

第十九条　党的农村基层组织应当加强对各类组织的统一领导,打造充满活力、和谐有序的善治乡村,形成共建共治共享的乡村治理格局。

村党组织书记应当通过法定程序担任村民委员会主任和村级集体经济组织、合作经济组织负责人,村"两委"班子成员应当交叉任职。村务监督委员会主任一般由党员担任,可以由非村民委员会成员的村党组织班子成员兼任。村民委员会成员、村民代表中党员应当占一定比例。

村级重大事项决策实行"四议两公开",即村党组织提议、村"两委"会议商议、党员大会审议、村民会议或者村民代表会议决议,决议公开、实施结果公开。

第二十条　党的农村基层组织应当健全党组织领导的自治、法治、德治相结合的乡村治理体系。深化村民自治实践,制定完善村规民约,建立健全村务监督委员会,加强村级民主监督。推广新时代"枫桥经验",推进乡村法治建设,提升乡村德治水平,建设平安乡村。

依法严厉打击农村黑恶势力、宗族恶势力、宗教极端势力、"村霸",严防其侵蚀基层干部和基层政权。坚决惩治黑恶势力"保护伞"。

第二十一条　党的农村基层组织应当加强农村生态文明建设,组织党员、群众参与山水林田湖草系统治理,加强污染防治,保护生态环境,建设美丽乡村。

第二十二条　党的农村基层组织应当保障和改善民生,努力解决入园入托、上学、就业、看病、养老、居住、出行、饮水等群众最关心最直接最现实的利益问题,加强对贫困人口、留守儿童和妇女、老年人、残疾人、"五保户"等人群的关爱服务。投放农村的公共服务资源,应当以乡镇、村党组织为主渠道落实,保证有资源、有能力为群众服务。

注重运用现代信息技术,提升乡村治理智能化水平。

第七章 领导班子和干部队伍建设

第二十三条 农村基层干部应当认真学习和忠实践行习近平新时代中国特色社会主义思想,学习党的基本理论、基本路线、基本方略,学习必备知识技能。懂农业,掌握"三农"政策,熟悉农村情况,有能力、有措施、有办法解决实际问题;爱农村,扎根农村基层,安身安心安业,甘于奉献、苦干实干;爱农民,对农民群众充满感情、始终放在心上,把农民群众的利益摆在第一位,与农民群众想在一起、干在一起,不断创造美好生活。

各级党组织应当注重加强农村基层干部教育培训,不断提高素质。县级党委每年至少对村党组织书记培训 1 次。

第二十四条 加强农村基层干部队伍作风建设。坚持实事求是,不准虚假浮夸;坚持依法办事,不准违法乱纪;坚持艰苦奋斗,不准奢侈浪费;坚持说服教育,不准强迫命令;坚持廉洁奉公,不准以权谋私。坚决反对形式主义、官僚主义、享乐主义和奢靡之风。

严格农村基层干部管理监督,坚决纠正损害群众利益行为,严厉整治群众身边腐败问题。

第二十五条 乡镇党委领导班子应当由信念坚定、为民服务、勤政务实、敢于担当、清正廉洁,善于结合实际开展工作的党员干部组成。乡镇党委书记还应当具备一定的理论和政策水平,坚持依法办事,具有较强的组织协调能力、群众工作能力、处理农村复杂问题的能力,熟悉党务工作和"三农"工作,带头实干、敢抓敢管。

注重从优秀村党组织书记、选调生、大学生村官、乡镇事业编制人员中选拔乡镇领导干部,从优秀村党组织书记中考录乡镇公务员、招聘乡镇事业编制人员。重视发现培养选拔优秀年轻干部、女干部和少数民族干部。

第二十六条 村党组织领导班子应当由思想政治素质好、道德品行好、带富能力强、协调能力强,公道正派、廉洁自律,热心为群众服务的党员组成。村党组织书记还应当具备一定的政策水平,坚持依法办事,善于做群众工作,甘于奉献、敢闯敢拼。

村党组织书记应当注重从本村致富能手、外出务工经商返乡人员、本乡本土大学毕业生、退役军人中的党员培养选拔。每个村应当储备村级后备力量。

村党组织书记由县级党委组织部门备案管理。

根据工作需要,上级党组织可以向村党组织选派第一书记。

第二十七条 党的农村基层组织领导班子应当坚定执行党的政治路线。始终在政治立场、政治方向、政治原则、政治道路上同以习近平同志为核心的党中央保持高度一致,组织推进农村深化改革,促进各项事业发展,维护社会和谐稳定,不断增强群众获得感、幸福感、安全感。

第二十八条 党的农村基层组织领导班子应当贯彻党的思想路线。反映情况、安排工作、决定事项必须实事求是,一切从实际出发,说实话、办实事、求实效。

第二十九条 党的农村基层组织领导班子应当贯彻新时代党的组织路线。全面加强农村基层组织体系建设,建强战斗堡垒,把党员组织起来,把人才凝聚起来,把群众动员起来,合力推动新时代乡村全面振兴。

第三十条 党的农村基层组织领导班子应当贯彻党的群众路线。决定重大事项要同群众商量,布置工作任务要向群众讲清道理;经常听取群众意见,不断改进工作;关心群众生产生活,维护群众的合法权益,切实减轻群众负担。

第三十一条 党的农村基层组织领导班子应当贯彻党的民主集中制,认真执行集体领导和个人分工负责相结合的制度。凡属重要问题,必须经过集体讨论决定,不允许个人或者少数人说了算。书记应当有民主作风,善于发挥每个委员的作用,敢于负责。委员应当积极参与和维护集体领导,主动做好分工负责的工作。

第三十二条 乡镇党委领导班子每年至少召开1次民主生活会,村党组织领导班子每年至少召开1次组织生活会,严肃认真地开展批评和自我批评,接受党员、群众的监督。

第八章 党员队伍建设

第三十三条 党的农村基层组织应当组织党员认真学习和忠实践行习近平新时代中国特色社会主义思想,推进“两学一做”学习教育常态化制度化,认真开展党内主题教育活动,学习党的基本理论、基本路线、基本方略,学习形势政策、科学文化、市场经济、党内法规和国家法律法规等知识。

县、乡两级党委应当加强农村党员教育培训,建好用好乡镇党校、党员活动室,注重运用现代信息技术开展党员教育。乡镇党委每年至少对全体党员分期分批集中培训1次。

第三十四条 党的农村基层组织应当严格党的组织生活。坚持“三会一课”制度,村党组织应当以党支部为单位,每月相对固定1天开展主题党日,组织党员学习党的文件、上党课,开展民主议事、志愿服务等,突出党性锻炼,防止表面化、形式化。党员领导干部应当定期为基层党员讲党课。

党支部应当经常开展谈心谈话。

第三十五条 党的农村基层组织应当坚持和完善民主评议党员制度。对优秀党员,进行表彰表扬;对不合格党员,加强教育帮助,依照有关规定,分别给予限期改正、劝其退党、党内除名等组织处置。

第三十六条 党的农村基层组织应当教育和监督党员履行义务,尊重和保障党员的各项权利。推进党务公开,使党员对党内事务有更多的了解和参与。

第三十七条 党的农村基层组织应当加强和改进流动党员教育管理。流入地党组织应当及时将外来党员编入党的支部和小组,组织他们参加组织生活和党的活动。流出地党组织应当加强对外出党员的经常联系,可以在外出党员相对集中的地方建立流动党员党组织。

流动党员每半年至少向流出地党组织汇报1次在外情况。

第三十八条 党的农村基层组织应当严格执行党的纪律。经常对党员进行遵纪守法教育。党员违犯党的纪律,应当及时教育或者处理,问题严重的应当向上级党组织报告。对于受到党的纪律处分的,应当加强教育,帮助其改正错误。

第三十九条 党的农村基层组织应当按照控制总量、优化结构、提高质量、发挥作用的总要求和有关规定,把政治标准放在首位,做好发展党员工作。注重从青年农民、农村外出务工人员中发展党员,注意吸收妇女入党。

村级党组织发展党员必须经过乡镇党委审批。

第四十条 农村党员应当在社会主义物质文明建设和精神文明建设中发挥先锋模范作用,带头投身乡村振兴,带领群众共同致富。

党的农村基层组织应当组织开展党员联系农户、党员户挂牌、承诺践诺、设岗定责等活动,给党员分配适当的社会工作和群众工作,为党员发挥作用创造条件。

第九章 领导和保障

第四十一条 各级党委特别是县级党委应当高度重视党的农村基层组织建设,认真履行主体责任。

党的农村基层组织建设情况应当作为市县乡党委书记抓基层党建述职评议考核的重要内容,纳入巡视巡察工作内容,作为领导班子综合评价和领导干部选拔任用的重要依据。县级党委组织部门应当以足够精力抓好党的农村基层组织建设。

对党的农村基层组织建设重视不够、落实不力的,应当及时提醒、约谈;出现严重问题的,应当严肃问责追责。督促抓好问题的整改落实。

第四十二条 各级党委特别是县级党委应当坚持抓乡促村,持续加强基本队伍、基本活动、基本阵地、基本制度、基本保障建设,整顿软弱涣散村党组织,整乡推进、整县提升。

乡镇党委应当全面落实抓村级组织建设的直接责任。乡镇党委书记和党委领导班子其他成员应当包村联户,经常沉下去摸情况、查问题,及时研究解决。

第四十三条 乡镇工作机构设置和人员配备,应当坚持加强服务、密切联系群众、治理重心下移的原则,构建权责相称、简约高效的基层管理体制,保证乡镇工作力量。乡镇应当设立党建工作办公室或者党建工作站,配备专职组织员,配强党务力量。加强乡镇小食堂、小厕所、小澡堂、小图书室、小文体活动室和周转房建设,改善乡镇干部工作和生活条件。

第四十四条 各级党委应当健全以财政投入为主的稳定的村级组织运转经费保障制度,建立正常增长机制。落实村干部基本报酬,发放人数和标准应当依据有关规定、从实际出发合理确定,保障正常离任村干部生活补贴。落实村级组织办公经费、服务群众经费、党员活动经费。建好管好用好村级组织活动场所,整合利用各类资源,规范标识、挂牌,发挥“一室多用”的综合功能,服务凝聚群众,教育引导群众。

第四十五条 各级党组织应当满怀热情关心关爱农村基层干部和党员,政治上激励、工作上支持、待遇上保障、心理上关怀,宣传表彰优秀农村基层干部先进典型,彰显榜样力量,激励新担当新作为。

第十章 附 则

第四十六条 省、自治区、直辖市党委可以根据本条例,结合本地区情况制定实施办法。

第四十七条 本条例由中共中央组织部负责解释。

第四十八条 本条例自2018年12月28日起施行。1999年2月13日中共中央印发的《中国共产党农村基层组织工作条例》同时废止。

中华人民共和国村民委员会组织法

(1998年11月4日第九届全国人民代表大会常务委员会第五次会议通过　2010年10月28日第十一届全国人民代表大会常务委员会第十七次会议修订　根据2018年12月29日第十三届全国人民代表大会常务委员会第七次会议《关于修改〈中华人民共和国村民委员会组织法〉〈中华人民共和国城市居民委员会组织法〉的决定》修正)

第一章　总　　则

第一条 为了保障农村村民实行自治,由村民依法办理自己的事情,发展农村基层民主,维护村民的合法权益,促进社会主义新农村建设,根据宪法,制定本法。

第二条 村民委员会是村民自我管理、自我教育、自我服务的基层群众性自治组织,实行民主选举、民主决策、民主管理、民主监督。

村民委员会办理本村的公共事务和公益事业,调解民间纠纷,协助维护社会治安,向人民政府反映村民的意见、要求和提出建议。

村民委员会向村民会议、村民代表会议负责并报告工作。

第三条 村民委员会根据村民居住状况、人口多少,按照便于群众自治,有利于经济发展和社会管理的原则设立。

村民委员会的设立、撤销、范围调整,由乡、民族乡、镇的人民政府提出,经村民会议讨论同意,报县级人民政府批准。

村民委员会可以根据村民居住状况、集体土地所有权关系等分设若干村民小组。

第四条 中国共产党在农村的基层组织,按照中国共产党章程进行工作,发挥领导核心作用,领导和支持村民委员会行使职权;依照宪法和法律,支持和保障村民开展自治活动、直接行使民主权利。

第五条 乡、民族乡、镇的人民政府对村民委员会的工作给予指导、支持和帮助,但是不得干预依法属于村民自治范围内的事项。

村民委员会协助乡、民族乡、镇的人民政府开展工作。

第二章 村民委员会的组成和职责

第六条 村民委员会由主任、副主任和委员共三至七人组成。

村民委员会成员中,应当有妇女成员,多民族村民居住的村应当有人数较少的民族的成员。

对村民委员会成员,根据工作情况,给予适当补贴。

第七条 村民委员会根据需要设人民调解、治安保卫、公共卫生与计划生育等委员会。村民委员会成员可以兼任下属委员会的成员。人口少的村的村民委员会可以不设下属委员会,由村民委员会成员分工负责人民调解、治安保卫、公共卫生与计划生育等工作。

第八条 村民委员会应当支持和组织村民依法发展各种形式的合作经济和其他经济，承担本村生产的服务和协调工作，促进农村生产建设和经济发展。

村民委员会依照法律规定，管理本村属于村农民集体所有的土地和其他财产，引导村民合理利用自然资源，保护和改善生态环境。

村民委员会应当尊重并支持集体经济组织依法独立进行经济活动的自主权，维护以家庭承包经营为基础、统分结合的双层经营体制，保障集体经济组织和村民、承包经营户、联户或者合伙的合法财产权和其他合法权益。

第九条 村民委员会应当宣传宪法、法律、法规和国家的政策，教育和推动村民履行法律规定的义务、爱护公共财产，维护村民的合法权益，发展文化教育，普及科技知识，促进男女平等，做好计划生育工作，促进村与村之间的团结、互助，开展多种形式的社会主义精神文明建设活动。

村民委员会应当支持服务性、公益性、互助性社会组织依法开展活动，推动农村社区建设。

多民族村民居住的村，村民委员会应当教育和引导各民族村民增进团结、互相尊重、互相帮助。

第十条 村民委员会及其成员应当遵守宪法、法律、法规和国家的政策，遵守并组织实施村民自治章程、村规民约，执行村民会议、村民代表会议的决定、决议，办事公道，廉洁奉公，热心为村民服务，接受村民监督。

第三章　村民委员会的选举

第十一条 村民委员会主任、副主任和委员，由村民直接选举产生。任何组织或者个人不得指定、委派或者撤换村民委员会成员。

村民委员会每届任期五年，届满应当及时举行换届选举。村民委员会成员可以连选连任。

第十二条　村民委员会的选举，由村民选举委员会主持。

村民选举委员会由主任和委员组成，由村民会议、村民代表会议或者各村民小组会议推选产生。

村民选举委员会成员被提名为村民委员会成员候选人，应当退出村民选举委员会。

村民选举委员会成员退出村民选举委员会或者因其他原因出缺的，按照原推选结果依次递补，也可以另行推选。

第十三条　年满十八周岁的村民，不分民族、种族、性别、职业、家庭出身、宗教信仰、教育程度、财产状况、居住期限，都有选举权和被选举权；但是，依照法律被剥夺政治权利的人除外。

村民委员会选举前，应当对下列人员进行登记，列入参加选举的村民名单：

（一）户籍在本村并且在本村居住的村民；

（二）户籍在本村，不在本村居住，本人表示参加选举的村民；

（三）户籍不在本村，在本村居住一年以上，本人申请参加选举，并且经村民会议或者村民代表会议同意参加选举的公民。

已在户籍所在村或者居住村登记参加选举的村民，不得再参加其他地方村民委员会的选举。

第十四条　登记参加选举的村民名单应当在选举日的二十日前由村民选举委员会公布。

对登记参加选举的村民名单有异议的，应当自名单公布之日起五日内向村民选举委员会申诉，村民选举委员会应当自收到申诉之日起三日内作出处理决定，并公布处理结果。

第十五条　选举村民委员会，由登记参加选举的村民直接提名候选人。村民提名候选人，应当从全体村民利益出发，推荐奉公守法、品行良好、公道正派、热心公益、具有一定文化水平和工作能力的村民为候选人。候选人的名额应当多于应选名额。村民选举委员会应当组织候选人与村民见面，由候选人介绍履行职责的设想，回答村民提出的问题。

选举村民委员会，有登记参加选举的村民过半数投票，选举有效；候选人获得参加投票的村民过半数的选票，始得当选。当选人数不足应选名额的，不足的名额另行选举。另行选举的，第一次投票未当选的人员得票多的为候选人，候选人以得票多的当选，但是所得票数不得少于已投选票总数的三分之一。

选举实行无记名投票、公开计票的方法，选举结果应当当场公布。选举时，应当设立秘密写票处。

登记参加选举的村民，选举期间外出不能参加投票的，可以书面委托本村有选举权的近亲属代为投票。村民选举委员会应当公布委托人和受委托人的名单。

具体选举办法由省、自治区、直辖市的人民代表大会常务委员会规定。

第十六条 本村五分之一以上有选举权的村民或者三分之一以上的村民代表联名，可以提出罢免村民委员会成员的要求，并说明要求罢免的理由。被提出罢免的村民委员会成员有权提出申辩意见。

罢免村民委员会成员，须有登记参加选举的村民过半数投票，并须经投票的村民过半数通过。

第十七条 以暴力、威胁、欺骗、贿赂、伪造选票、虚报选举票数等不正当手段当选村民委员会成员的，当选无效。

对以暴力、威胁、欺骗、贿赂、伪造选票、虚报选举票数等不正当手段，妨害村民行使选举权、被选举权，破坏村民委员会选举的行为，村民有权向乡、民族乡、镇的人民代表大会和人民政府或者县级人民代表大会常务委员会和人民政府及其有关主管部门举报，由乡级或者县级人民政府负责调查并依法处理。

第十八条 村民委员会成员丧失行为能力或者被判处刑罚的，其职务自行终止。

第十九条　村民委员会成员出缺,可以由村民会议或者村民代表会议进行补选。补选程序参照本法第十五条的规定办理。补选的村民委员会成员的任期到本届村民委员会任期届满时止。

第二十条　村民委员会应当自新一届村民委员会产生之日起十日内完成工作移交。工作移交由村民选举委员会主持,由乡、民族乡、镇的人民政府监督。

第四章　村民会议和村民代表会议

第二十一条　村民会议由本村十八周岁以上的村民组成。

村民会议由村民委员会召集。有十分之一以上的村民或者三分之一以上的村民代表提议,应当召集村民会议。召集村民会议,应当提前十天通知村民。

第二十二条　召开村民会议,应当有本村十八周岁以上村民的过半数,或者本村三分之二以上的户的代表参加,村民会议所作决定应当经到会人员的过半数通过。法律对召开村民会议及作出决定另有规定的,依照其规定。

召开村民会议,根据需要可以邀请驻本村的企业、事业单位和群众组织派代表列席。

第二十三条　村民会议审议村民委员会的年度工作报告,评议村民委员会成员的工作;有权撤销或者变更村民委员会不适当的决定;有权撤销或者变更村民代表会议不适当的决定。

村民会议可以授权村民代表会议审议村民委员会的年度工作报告,评议村民委员会成员的工作,撤销或者变更村民委员会不适当的决定。

第二十四条　涉及村民利益的下列事项,经村民会议讨论决定方可办理:

(一)本村享受误工补贴的人员及补贴标准;

(二)从村集体经济所得收益的使用;

(三)本村公益事业的兴办和筹资筹劳方案及建设承包方案;

(四)土地承包经营方案;

(五)村集体经济项目的立项、承包方案;

(六)宅基地的使用方案;

(七)征地补偿费的使用、分配方案;

(八)以借贷、租赁或者其他方式处分村集体财产;

(九)村民会议认为应当由村民会议讨论决定的涉及村民利益的其他事项。

村民会议可以授权村民代表会议讨论决定前款规定的事项。

法律对讨论决定村集体经济组织财产和成员权益的事项另有规定的,依照其规定。

第二十五条 人数较多或者居住分散的村,可以设立村民代表会议,讨论决定村民会议授权的事项。村民代表会议由村民委员会成员和村民代表组成,村民代表应当占村民代表会议组成人员的五分之四以上,妇女村民代表应当占村民代表会议组成人员的三分之一以上。

村民代表由村民按每五户至十五户推选一人,或者由各村民小组推选若干人。村民代表的任期与村民委员会的任期相同。村民代表可以连选连任。

村民代表应当向其推选户或者村民小组负责,接受村民监督。

第二十六条 村民代表会议由村民委员会召集。村民代表会议每季度召开一次。有五分之一以上的村民代表提议,应当召集村民代表会议。

村民代表会议有三分之二以上的组成人员参加方可召开,所作决定应当经到会人员的过半数同意。

第二十七条 村民会议可以制定和修改村民自治章程、村规民约,并报乡、民族乡、镇的人民政府备案。

村民自治章程、村规民约以及村民会议或者村民代表会议的决定不得与宪法、法律、法规和国家的政策相抵触,不得有侵犯村民的人身权利、民主权利和合法财产权利的内容。

村民自治章程、村规民约以及村民会议或者村民代表会议的决定违反前款规定的，由乡、民族乡、镇的人民政府责令改正。

第二十八条　召开村民小组会议，应当有本村民小组十八周岁以上的村民三分之二以上，或者本村民小组三分之二以上的户的代表参加，所作决定应当经到会人员的过半数同意。

村民小组组长由村民小组会议推选。村民小组组长任期与村民委员会的任期相同，可以连选连任。

属于村民小组的集体所有的土地、企业和其他财产的经营管理以及公益事项的办理，由村民小组会议依照有关法律的规定讨论决定，所作决定及实施情况应当及时向本村民小组的村民公布。

第五章　民主管理和民主监督

第二十九条　村民委员会应当实行少数服从多数的民主决策机制和公开透明的工作原则，建立健全各种工作制度。

第三十条　村民委员会实行村务公开制度。

村民委员会应当及时公布下列事项，接受村民的监督：

（一）本法第二十三条、第二十四条规定的由村民会议、村民代表会议讨论决定的事项及其实施情况；

（二）国家计划生育政策的落实方案；

（三）政府拨付和接受社会捐赠的救灾救助、补贴补助等资金、物资的管理使用情况；

（四）村民委员会协助人民政府开展工作的情况；

（五）涉及本村村民利益，村民普遍关心的其他事项。

前款规定事项中，一般事项至少每季度公布一次；集体财务往来较多的，财务收支情况应当每月公布一次；涉及村民利益的重大事项应当随时公布。

村民委员会应当保证所公布事项的真实性，并接受村民的查询。

第三十一条 村民委员会不及时公布应当公布的事项或者公布的事项不真实的，村民有权向乡、民族乡、镇的人民政府或者县级人民政府及其有关主管部门反映，有关人民政府或者主管部门应当负责调查核实，责令依法公布；经查证确有违法行为的，有关人员应当依法承担责任。

第三十二条 村应当建立村务监督委员会或者其他形式的村务监督机构，负责村民民主理财，监督村务公开等制度的落实，其成员由村民会议或者村民代表会议在村民中推选产生，其中应有具备财会、管理知识的人员。村民委员会成员及其近亲属不得担任村务监督机构成员。村务监督机构成员向村民会议和村民代表会议负责，可以列席村民委员会会议。

第三十三条 村民委员会成员以及由村民或者村集体承担误工补贴的聘用人员，应当接受村民会议或者村民代表会议对其履行职责情况的民主评议。民主评议每年至少进行一次，由村务监督机构主持。

村民委员会成员连续两次被评议不称职的，其职务终止。

第三十四条 村民委员会和村务监督机构应当建立村务档案。村务档案包括：选举文件和选票，会议记录，土地发包方案和承包合同，经济合同，集体财务账目，集体资产登记文件，公益设施基本资料，基本建设资料，宅基地使用方案，征地补偿费使用及分配方案等。村务档案应当真实、准确、完整、规范。

第三十五条 村民委员会成员实行任期和离任经济责任审计，审计包括下列事项：

（一）本村财务收支情况；

（二）本村债权债务情况；

（三）政府拨付和接受社会捐赠的资金、物资管理使用情况；

（四）本村生产经营和建设项目的发包管理以及公益事业建设项目招标投标情况；

（五）本村资金管理使用以及本村集体资产、资源的承包、租赁、担保、出让情况，征地补偿费的使用、分配情况；

（六）本村五分之一以上的村民要求审计的其他事项。

村民委员会成员的任期和离任经济责任审计，由县级人民政府农业部门、财政部门或者乡、民族乡、镇的人民政府负责组织，审计结果应当公布，其中离任经济责任审计结果应当在下一届村民委员会选举之前公布。

第三十六条　村民委员会或者村民委员会成员作出的决定侵害村民合法权益的，受侵害的村民可以申请人民法院予以撤销，责任人依法承担法律责任。

村民委员会不依照法律、法规的规定履行法定义务的，由乡、民族乡、镇的人民政府责令改正。

乡、民族乡、镇的人民政府干预依法属于村民自治范围事项的，由上一级人民政府责令改正。

第六章　附　　则

第三十七条　人民政府对村民委员会协助政府开展工作应当提供必要的条件；人民政府有关部门委托村民委员会开展工作需要经费的，由委托部门承担。

村民委员会办理本村公益事业所需的经费，由村民会议通过筹资筹劳解决；经费确有困难的，由地方人民政府给予适当支持。

第三十八条　驻在农村的机关、团体、部队、国有及国有控股企业、事业单位及其人员不参加村民委员会组织，但应当通过多种形式参与农村社区建设，并遵守有关村规民约。

村民委员会、村民会议或者村民代表会议讨论决定与前款规定的单位有关的事项,应当与其协商。

第三十九条 地方各级人民代表大会和县级以上地方各级人民代表大会常务委员会在本行政区域内保证本法的实施,保障村民依法行使自治权利。

第四十条 省、自治区、直辖市的人民代表大会常务委员会根据本法,结合本行政区域的实际情况,制定实施办法。

第四十一条 本法自公布之日起施行。

村民委员会选举规程(节录)

(民发〔2013〕76号)

第一章 村民选举委员会的产生

一、推选村民选举委员会

村民选举委员会主持村民委员会的选举。

村民选举委员会由主任和委员组成,由村民会议、村民代表会议或者村民小组会议推选产生,实行少数服从多数的议事原则。

村民选举委员会的人数应当根据村民居住状况、参加选举村民的多少决定,不少于三人,以奇数为宜。村民之间有近亲属关系的,不宜同时担任村民选举委员会成员。

村民委员会应当及时公布选举委员会主任和委员名单,并报乡级人民政府或者乡级村民委员会选举工作指导机构备案。

二、村民选举委员会的任期

村民选举委员会的任期,自推选组成之日起,至新老村民委员会工作移交后终止。

三、村民选举委员会成员的变动

村民选举委员会成员被提名为村民委员会成员候选人,应当退出村民选举委员会。

村民选举委员会成员退出村民选举委员会或者因其他原因出缺的,按照原推选结果依次递补,也可以另行推选。

村民选举委员会成员不履行职责,致使选举工作无法正常进行的,经村民会议、村民代表会议或者村民小组会议讨论同意,其职务终止。

村民选举委员会成员的变动,应当及时公布,并报乡级人民政府或者乡级村民委员会选举工作指导机构备案。

四、村民选举委员会的职责

村民选举委员会主要履行以下职责:

(一)制定村民委员会选举工作方案;

(二)宣传有关村民委员会选举的法律、法规和政策;

(三)解答有关选举咨询;

(四)召开选举工作会议,部署选举工作;

(五)提名和培训本村选举工作人员;

(六)公布选举日、投票地点和时间,确定投票方式;

(七)登记参加选举的村民,公布参加选举村民的名单,颁发参选证;

(八)组织村民提名确定村民委员会成员候选人,审查候选人参选资格,公布候选人名单;

(九)介绍候选人,组织选举竞争活动;

(十)办理委托投票手续;

（十一）制作或者领取选票、制作票箱，布置选举大会会场、分会场或者投票站；

（十二）组织投票，主持选举大会，确认选举是否有效，公布并上报选举结果和当选名单；

（十三）建立选举工作档案，主持新老村民委员会的工作移交；

（十四）受理申诉，处理选举纠纷；

（十五）办理选举工作中的其他事项。

村民委员会选举工作方案应当由村民会议或者村民代表会议讨论通过，并报乡级人民政府或者乡级村民委员会选举工作指导机构备案。

第二章　选举宣传

一、宣传内容

村民选举委员会应当就以下内容开展宣传：

（一）宪法有关内容，《中华人民共和国村民委员会组织法》，本省（自治区、直辖市）有关村民委员会选举的法规；

（二）中央和地方有关村民委员会选举的政策和规定；

（三）村民委员会选举中村民的权利与义务；

（四）县、乡两级政府村民委员会选举的工作方案；

（五）本村选举工作方案；

（六）其他有关选举事项。

二、宣传方式

村民选举委员会可以采取以下方式进行选举宣传：

（一）广播、电视、报纸、互联网等；

（二）宣传栏、宣传车、宣传单等；

（三）选举宣传会议、选举咨询站；

（四）标语、口号等。

第三章　登记参加选举的村民

一、公布选民登记日

选民登记日前，村民选举委员会应当发布公告，告知本届村民委员会选举的选民登记日。

二、登记对象

村民委员会选举前，应当对下列人员进行登记，列入参加选举的村民名单：

（一）户籍在本村并且在本村居住的村民；

（二）户籍在本村，不在本村居住，本人表示参加选举的村民；

（三）户籍不在本村，在本村居住一年以上，本人申请参加选举，并且经村民会议或者村民代表会议同意参加选举的公民。

已在户籍所在村或者居住村登记参加选举的村民，不得再参加其他地方村民委员会的选举。经村民选举委员会告知，本人书面表示不参加选举的，不列入参加选举的村民名单。

依照法律被剥夺政治权利的人，不得参加村民委员会的选举。

三、登记方法

登记时，既可以村民小组为单位设立登记站，村民到站登记，也可由登记员入户登记。

村民选举委员会应当对登记参加选举的村民名单进行造册。

四、公布选民名单

村民选举委员会应当对登记参加选举的村民名单进行审核确认，并在选举日的二十日前公布。

对登记参加选举的村民名单有异议的，应当自名单公布之日起五日内向村民选举委员会申诉，村民选举委员会应当自收到申诉之日起三日内作出处理决定，并公布处理结果。

登记参加选举的村民名单出现变动的，村民选举委员会应当及时公布。

五、发放参选证

选举日前，村民选举委员会应当根据登记参加选举的村民名单填写、发放参选证，并由村民签收。投票选举时，村民凭参选证领取选票。

第四章　提名确定候选人

一、确定职位和职数

村民会议或者村民代表会议拟定村民委员会的职位和职数，村民选举委员会应当及时公布，并报乡级人民政府或者乡级村民委员会选举工作指导机构备案。

二、确定候选人人数

村民选举委员会应当根据村民委员会主任、副主任、委员的职数，分别拟定候选人名额。候选人名额应当多于应选名额。

三、提名确定候选人

村民委员会成员候选人，应当由登记参加选举的村民直接提名，根据拟定的候选人名额，按照得票多少确定。每一村民提名人数不得超过拟定的候选人名额。无行为能力或者被判处刑罚的，不得提名为候选人。

候选人中应当有适当的妇女名额，没有产生妇女候选人的，以得票最多的妇女为候选人。

四、公布候选人名单

村民选举委员会应当以得票多少为序，公布候选人名单，并报乡级村民委员会选举工作指导机构备案。

候选人不愿意接受提名的,应当及时向村民选举委员会书面提出,由村民选举委员会确认并公布。候选人名额不足时,按原得票多少依次递补。

村民委员会选举,也可以采取无候选人的方式,一次投票产生。

第五章 选举竞争

一、选举竞争的组织

村民选举委员会应当组织候选人与村民见面,由候选人介绍履职设想,回答村民提问。选举竞争应当在村民选举委员会的主持和监督下,公开、公平、公正地进行。村民选举委员会应当对候选人的选举竞争材料进行审核把关。

二、选举竞争的时间

选举竞争活动一般在选举日前进行。候选人在选举日可进行竞职陈述,其他选举竞争活动不宜在当日开展。确有需要的,由村民选举委员会决定并统一组织。

三、选举竞争的形式

村民选举委员会可以组织以下形式的选举竞争活动:

(一)在指定地点公布候选人的选举竞争材料;

(二)组织候选人与村民见面并回答村民问题;

(三)有闭路电视的村,可以组织候选人在电视上陈述;

(四)其他形式。

四、选举竞争的内容

选举竞争材料和选举竞职陈述主要包括以下内容:

(一)候选人的基本情况;

(二)竞争职位及理由;

（三）治村设想；

（四）对待当选与落选的态度。

第六章　投票选举

一、确定投票方式

村民委员会投票选举，可采取以下两种方式：

（一）召开选举大会；

（二）设立投票站。

采取选举大会方式的，可以组织全体登记参加选举的村民集中统一投票；也可以设立中心选举会场，辅之以分会场分别投票。采取投票站方式的，不再召开选举大会，村民在投票站选举日开放时间内自由投票。

选举大会可以设置流动票箱，但应当严格控制流动票箱的使用。

具体投票方式，流动票箱的使用对象和行走路线，由村民代表会议讨论决定。

二、公布选举日、投票方式、投票时间和投票地点

村民选举委员会应当及时公布选举日、投票方式、投票时间和投票地点。

选举日和投票的方式、时间、地点一经公布，任何组织和个人不得随意变动和更改。如因不可抗力，或者无法产生候选人等因素，需要变更的，应当报乡级人民政府或者乡级村民委员会选举工作指导机构批准并及时公布。

三、办理委托投票

登记参加选举的村民，选举期间外出不能参加投票的，可以委托本村有选举权的近亲属代为投票。每一登记参加选举的村民接受委托投票不得超过三人。提名为村民委员会候选人的，不得接受委托。

委托投票应当办理书面委托手续。村民选举委员会应当及时公布委托人和

受委托人的名单。

受委托人在选举日凭书面委托凭证和委托人的参选证,领取选票并参加投票。受委托人不得再委托他人。

四、设计和印制选票

选票设计应当遵循明白易懂、科学合理和便于操作、便于统计的原则。县级民政部门可以统一设计选票样式。

村民选举委员会应当在乡级人民政府或者乡级村民委员会选举工作指导机构的指导下,根据选票样式,印制符合本村实际的选票。

选票印制后应当加盖公章并签封,选举日在选举大会或者投票站上,由选举工作人员当众启封。

五、确定选举工作人员

村民选举委员会应当依法依规提名选举工作人员,经村民代表会议讨论通过。选举工作人员包括总监票员、验证发票员、唱票员、计票员、监票员、代书员,投票站工作人员,流动票箱监票员等。

选举工作人员要有一定的文化水平和工作能力,遵纪守法、公道正派。候选人及其近亲属,不得担任选举工作人员。

采取选举大会投票的,选举工作人员名单应当在选举日前公布,并在选举大会上宣布;采用投票站形式投票的,应当在选举日前公布。

选举工作人员确定后,村民选举委员会应当对其进行培训。

六、布置会场或者投票站

村民选举委员会应当在选举日前布置好投票会场或者投票站。

投票会场应当按选举流程设计好领票、写票、投票的循环路线,方便村民投票。投票站的设定应当根据村民居住的集中情况和自然村或者村民小组的分布情况决定,并且应当设立一个中心投票站。

七、投票选举

（一）选举大会投票程序。

采取选举大会进行选举的，由村民选举委员会召集，村民选举委员会主任主持。流程如下：

1. 宣布大会开始；

2. 奏国歌；

3. 报告本次选举工作进展情况；

4. 宣布投票办法和选举工作人员；

5. 候选人发表竞职陈述；

6. 检查票箱；

7. 启封、清点选票；

8. 讲解选票；

9. 根据需要派出流动票箱；

10. 验证发票；

11. 秘密写票、投票；

12. 销毁剩余选票；

13. 集中流动票箱，清点选票数；

14. 检验选票；

15. 公开唱票、计票；

16. 当场公布投票结果；

17. 封存选票，填写选举结果报告单；

18. 宣布当选名单。

投票结束后，应当将所有票箱集中，将选票混在一起，由选举工作人员逐张检验、清点选票总数后，统一唱票、计票。难以确认的选票应当由监票人在公开唱计票前提交村民选举委员会讨论决定。

(二)投票站投票程序。

采取投票站方式选举的,由村民选举委员会主持。流程如下:

1. 同时开放全部投票站;

2. 各投票站工作人员当众检查票箱,并启封、清点选票;

3. 验证发票;

4. 村民秘密写票、投票;

5. 关闭投票站,销毁剩余选票并密封票箱;

6. 集中票箱,清点选票数;

7. 公开验票、唱票、计票;

8. 当场公布选举结果;

9. 封存选票,填写选举结果报告单;

10. 宣布当选名单。

八、选举有效性确认

选举村民委员会,有登记参加选举的村民过半数投票,选举有效。参加投票的村民人数,以从票箱收回的选票数为准。

有下列情形之一的,选举无效:

(一)村民选举委员会未按照法定程序产生的;

(二)候选人的产生不符合法律规定的;

(三)参加投票的村民人数未过登记参加选举的村民半数的;

(四)违反差额选举原则,采取等额选举的;

(五)收回的选票多于发出选票的;

(六)没有公开唱票、计票的;

(七)没有当场公布选举结果的;

(八)其他违反法律、法规有关选举程序规定的。

因村民选举委员会未按照法定程序产生而造成选举无效的,乡级村民委员会选举指导机构应当指导组织重新选举。因其他原因认定选举无效的,由村民选举委员会重新组织选举,时间由村民代表会议确定。

九、确认当选

候选人获得参加投票的村民过半数的选票,始得当选。获得过半数选票的人数超过应选名额时,以得票多的当选;如遇票数相等不能确定当选人时,应当就票数相等的人进行再次投票,以得票多的当选。

村民委员会主任、副主任的当选人中没有妇女,但委员的候选人中有妇女获得过半数选票的,应当首先确定得票最多的妇女当选委员,其他当选人按照得票多少的顺序确定;如果委员的候选人中没有妇女获得过半数选票的,应当从应选名额中确定一个名额另行选举妇女委员,直到选出为止,其他当选人按照得票多少的顺序确定。

选举结果经村民选举委员会确认有效后,须当场宣布,同时应当公布所有候选人和被选人所得票数。以暴力、威胁、欺骗、贿赂、伪造选票、虚报选举票数等不正当手段当选的,当选无效。

村民选举委员会应当在投票选举当日或者次日,公布当选的村民委员会成员名单,并报乡级人民政府备案。村民选举委员会无正当理由不公布选举结果的,乡级人民政府或者乡级村民委员会选举工作指导机构应当予以批评教育,督促其改正。

十、颁发当选证书

县级人民政府主管部门或者乡级人民政府,应当自新一届村民委员会产生之日起十日内向新当选的成员颁发统一印制的当选证书。

十一、另行选举

村民委员会当选人不足应选名额的,不足的名额另行选举。另行选举可以在选举日当日举行,也可以在选举日后十日内进行,具体时间由村民选举委员会确定。

另行选举的,第一次投票未当选的人员得票多的为候选人,候选人以得票多的当选,但得票数不得少于已投选票数的三分之一。

另行选举的程序与第一次选举相同。参加选举的村民以第一次登记的名单为准,不重新进行选民登记。原委托关系继续有效,但被委托人成为候选人的委托关系自行终止,原委托人可以重新办理委托手续。

经另行选举,应选职位仍未选足,但村民委员会成员已选足三人的,不足职位可以空缺。主任未选出的,由副主任主持工作;主任、副主任都未选出的,由村民代表会议在当选的委员中推选一人主持工作。

第七章　选举后续工作

一、工作移交

村民委员会应当自新一届村民委员会产生之日十日内完成工作移交。

原村民委员会应当依法依规将印章、办公场所、办公用具、集体财务账目、固定资产、工作档案、债权债务及其他遗留问题等,及时移交给新一届村民委员会。

移交工作由村民选举委员会主持,乡级人民政府监督。对拒绝移交或者无故拖延移交的,乡级人民政府应当给予批评教育,督促其改正。

二、建立选举工作档案

村民委员会选举工作结束后,应当及时建立选举工作档案,交由新一届村民委员会指定专人保管,至少保存三年以上。

选举工作档案包括:

(一)村民选举委员会成员名单及推选情况材料;

(二)村民选举委员会选举会议记录;

(三)村民选举委员会发布的选举公告;

(四)选民登记册;

（五）候选人名单及得票数；

（六）选票和委托投票书、选举结果统计、选举报告单；

（七）选举大会议程和工作人员名单；

（八）新当选的村民委员会成员名单；

（九）选举工作总结；

（十）其他有关选举的资料。

第八章　村民委员会成员的罢免和补选

一、罢免

本村五分之一以上有选举权的村民或者三分之一以上的村民代表联名，可以提出罢免村民委员会成员的要求，启动罢免程序。

罢免程序如下：

（一）书面向村民委员会提出罢免要求，说明罢免理由；

（二）召开村民代表会议，审议罢免要求；

（三）被罢免对象进行申辩或者书面提出申辩意见；

（四）召开村民会议，进行投票表决；

（五）公布罢免结果。

罢免村民委员会主任的，由副主任主持村民会议投票表决，不设副主任的，由委员推选一人主持；罢免村民委员会副主任、委员的，由村民委员会主任主持。罢免村民委员会全体成员的，或者主任、副主任、委员不主持村民会议的，可在乡级人民政府指导下，由村民会议或者村民代表会议推选代表主持。

罢免村民委员会成员，须有登记参加选举的村民过半数投票，并须经投票的村民过半数通过。罢免获得通过的，被罢免的村民委员会成员自通过之日起终止职务，十日内办理工作交接手续。罢免未获通过的，六个月内不得以同一事实和理由再次提出罢免要求。

二、补选

村民委员会成员出缺,可以由村民会议或者村民代表会议进行补选。

村民委员会成员出缺的原因有:

(一)职务自行终止;

(二)辞职;

(三)罢免。

村民委员会成员因死亡、丧失行为能力、被判处刑罚或者连续两次民主评议不称职,其职务自行终止。村民委员会成员因故辞职,应当书面提出申请,村民委员会应当在三十日内召开村民代表会议,决定是否接受其辞职。村民委员会成员连续两次提出辞职要求的,应当接受其辞职。村民代表会议可以决定对辞职的村民委员会成员进行离任经济责任审计。

补选程序,参照村民委员会选举投票程序。补选村民委员会个别成员的,由村民委员会主持;补选全体村民委员会成员的,由重新推选产生的村民选举委员会主持。补选时,村民委员会没有妇女成员的,应当至少补选一名妇女成员。

村民委员会成员职务自行终止、因故辞职,以及补选结果,村民委员会应当及时公告,并报乡级人民政府备案。

村务监督委员会成员、村民代表和村民小组长的推选可以参照本规程办理。

……

中国共产主义青年团农村基层组织工作暂行规定(节录)

(2020年10月9日共青团中央书记处会议审议批准
2020年11月2日共青团中央发布)

……

第二条 农村基层团组织包括设置在乡镇的团的基层委员会(以下简称乡镇团委),设置在行政村和农村社区(以下简称村、社区)的团组织,设置在农村经济组织、社会组织等中的团组织,以及各类灵活设置的农村团组织。

第三条 农村基层团组织必须坚持以马克思列宁主义、毛泽东思想、邓小平理论、“三个代表”重要思想、科学发展观、习近平新时代中国特色社会主义思想为指导,坚决贯彻党的基本理论、基本路线、基本方略,增强“四个意识”、坚定“四个自信”、做到“两个维护”,始终保持和增强团的政治性、先进性、群众性,切实履行引领凝聚青年、组织动员青年、联系服务青年的职责,团结带领团员青年在巩固脱贫成果、促进乡村振兴中发挥生力军和突击队作用。

……

第十条 农村流动团员较多,且工作地或者居住地相对固定集中,应当由流出地团组织商流入地团组织,将流动团员纳入流入地团组织进行日常管理,并积极依托企业、园区、商会、行业组织、驻外地办事机构、“青年之家”等成立相应的团组织。

……

第十四条 县乡两级团委应当加强农村地区“青年之家”建设，在实体空间依托上不求所有、但求所用，主动借助党政既有阵地、公共服务场所、市场资源和互联网平台，扩大“青年之家”有效覆盖范围。注重依托“青年之家”整合团组织、机关企事业单位、社会组织等方面的资源，服务农村青少年发展，培育、联系、引导青年社会组织积极发挥作用。

具备条件的，可以通过社会组织注册登记等方式明确“青年之家”的法人地位，可以对“青年之家”工作骨干给予物质和精神上的合理激励。

符合建团条件的农村“青年之家”应当成立团组织，以有效覆盖、联系服务团员青年为重点开展工作。

第三章 主要职责

第十五条 农村基层团组织的主要职责是：

（一）坚持党的领导，强化政治功能，组织团员青年深入学习贯彻习近平新时代中国特色社会主义思想，学习党的基本知识，学习团章和团的基本知识，学习科学、文化、法律和业务知识。

（二）宣传、执行党的指示和团组织的决议，教育团员青年带头贯彻执行党的路线、方针、政策，大力培育新型青年职业农民，加强农村青年实用人才队伍建设，培养农村青年致富带头人，支持返乡青年创业就业，带领动员团员青年在乡村振兴中彰显作为。

（三）开展理想信念教育、爱国主义教育和制度自信教育，培育和践行社会主义核心价值观，开展志愿服务、扶贫助困、移风易俗、美丽乡村建设等活动，倡导科学精神，普及科学知识，坚决同违纪违法行为作斗争，坚决抵御非法宗教活动和境外渗透活动，弘扬主旋律，传播正能量。

（四）从严加强班子自身建设和团干部作风建设，协助党组织管理农村基层团干部,对团干部的选拔任用和奖惩提出意见。加强农村基层团组织规范化建设,抓好团员发展和教育管理,严肃组织生活,关心团员的思想、学习、工作和生活。维护和执行团的纪律,依规稳妥处置不合格团员。

(五)密切联系服务青年,了解青年的思想和需求,反映青年合理诉求,维护青年合法权益,关心困难青年,关爱留守儿童,开展健康有益的文体活动。

(六)做好推优入党工作,推荐团员青年中的优秀人才,培养青年乡村治理人才。支持城市青年、大中学生等开展乡村志愿服务和社会实践活动。

(七)在党的领导下,按照组织隶属关系,领导下级团组织的工作。实事求是地对团的建设和工作提出意见建议,及时向同级党组织和上级团组织报告情况。

(八)整合协调资源,支持少先队开展工作。

第十六条 在农村的各类基层团组织要结合实际,完成好以下重点工作:

(一)乡镇团委要统筹协调本地区团的工作,深化区域化团建,开展乡镇实体化大团委建设,推动团的基层组织设置和活动方式创新,提升团的组织和工作有效覆盖面;积极推动党建带团建机制落实,做好推优入党工作;服务团员青年创业就业;加强流动团员的管理和服务;选拔符合条件的优秀青年担任村、社区团组织书记,积极推动他们按程序进入村、社区"两委"班子。

(二)村团组织要聚焦乡村振兴,大力培养农村青年致富带头人;积极参与乡村治理,助力培育乡风文明;开展关爱留守儿童、扶贫济困等活动。相对贫困村团组织应当组织带领团员青年,投身脱贫攻坚,巩固脱贫成果。

(三)农村社区团组织要围绕建设文明和谐社区,积极参与基层社会治理,助力建设村民自治与多元主体参与有机结合的共建共享机制;整体推进社区团的建设和工作,加强流动团员的管理和服务;帮助社区群众适应新生活,活跃社区文化,培育、引导社区青年社会组织建设。

(四)农村学校团组织要贯彻党的教育方针,落实立德树人根本任务,开展好政治引领和仪式教育,认真抓好团员发展工作,加强日常教育管理,有计划地组织学生团员参加社会实践、劳动教育和志愿服务，拓展学生团员社会化的实践载体。

(五)农村集体企业中的团组织，要围绕服务企业发展，组织带领团员青年岗位建功、创新创效，弘扬职业文明、提升职业技能；围绕促进青年发展，关心服务青年成长成才、身心健康和个人生活。

(六)农村专业合作组织中的团组织，要在密切与专业合作组织内部团员青年联系的基础上，增强对同业青年的吸引和凝聚；帮助团员青年提高农业生产经营专业化水平和增收致富能力，促进合作组织规范运行和自我管理；为农村专业合作组织培养后备经营管理人才，协助争取国家强农惠农政策，反映农村专业合作组织的合理诉求。

(七)农村非公有制经济组织中的团组织，要发挥团员的带头作用，促进所在单位健康发展；教育引导青年增强政治认同，帮助青年提升职业素养，推荐青年人才；关心服务青年，搭建社会参与和政治参与平台，了解青年诉求，帮助他们解决实际困难。

(八)农村社会组织中的团组织，要教育引导青年增强政治认同，发现和培养青年社会工作骨干；促进社会组织有序参与乡村治理，提供公共服务，承担社会责任。

(九)农村流动团员团组织，要采取线上、线下等多种方式加强对流动团员的联系和服务，创新流动团员活动方式，引导团员履行团员义务，行使团员权利，有效发挥作用。

(十)农村的网络团组织，要以有效覆盖、联系服务团员青年为重点开展工作，根据团员实际情况，组织参加网上学习，带领团员和青年承担社会责任、弘扬正能量。

(十一)农村其他类型的团组织，应当因地制宜地开展团的活动，引导团员青年结合自身实际发挥作用。

团组织组建或主导的各类农村青年组织，应当培育稳定的组织功能和活动载体，有效凝聚农村青年；注重在联系服务青年的工作中，将青年组织中的优秀青年发展为团的骨干，具备条件的青年组织应当及时成立团组织。

第四章　团员教育管理

第十七条　坚持用党的创新理论武装团员队伍，认真开展团内教育活动，定期开展主题团日，针对农村团员思想和学习、工作、生活实际，采用相对灵活的方式，增强团课的教育实效。

第十八条　注重提高团的组织生活质量，创新方式方法，把团的组织生活与农村团员的生产生活、实践锻炼、社会参与相结合，有效落实"三会两制一课"，做到形式多样，严肃活泼，富有时代性。

保留团籍的党员在参加党的组织生活的同时，应当积极参加团支部的组织生活，正确行使团员权利，模范履行团员义务。

第十九条　对要求入团的青年进行教育培养，把政治标准放在首位，严格程序、严肃纪律，做好发展团员工作。村、社区团组织发展团员必须经过乡镇团委以上团组织审批。

第二十条　对团员的教育管理可以实行组织关系一方隶属、工作活动多重覆盖。团的农村基层组织应当加强和改进流动团员教育管理，流入地团组织要及时将外来团员编入团的支部，组织他们参加组织生活和团的活动；农村团组织应当借助互联网等多种方式，加强对团员的经常联系，并利用团员返乡的时机，强化联系服务。

第二十一条　农村基层团组织应当加强团员档案管理和团员组织关系转接，特别要做好学校毕业生团员组织关系的转接工作，可以通过建立网上团组织等方式，加强日常服务管理。对组织关系转至乡镇的毕业学生团员，乡镇团委应当加强联系和服务,持续关注其就业动向,及时做好组织关系转接。

团组织和团干部在转移和接受团员组织关系过程中推诿扯皮或无故长期积压、拒转拒接的,上级团组织要批评教育,及时纠正。

第二十二条 农村基层团组织应当严格执行团的纪律,经常对团员进行遵纪守法教育。团员违反团的纪律,应当及时教育或者处理,问题严重的应当向同级党组织和上级团组织报告。对于受到团的纪律处分的,应当加强教育,帮助其改正错误。

第五章 团干部和骨干力量队伍建设

第二十三条 遵照坚定理想信念、心系广大青年、提高工作能力、锤炼优良作风的重要要求,把团的岗位作为优秀年轻干部、优秀农村青年党员团员提高群众工作能力、强化服务群众意识、丰富群众工作经验的重要平台,注重能力锻炼、崇尚干事、服务群众。

第二十四条 坚持德才兼备、五湖四海,注重面向机关企事业单位工作人员、社会组织负责人、高校毕业生基层项目、选调生、退役军人、返(在)乡创业人员、农村致富带头人等群体选拔优秀青年党员团员担任农村团干部,建设专职、挂职、兼职相结合,懂农业、爱农村、爱农民的农村团干部队伍。

深化创新乡镇团委组织格局,使人员配置和工作内容更加符合新形势的要求,建设代表性广、带动力强的委员会。根据实际需要,乡镇团委可以由相对年轻的乡镇党政班子成员中的党员干部兼任书记。

鼓励符合条件的返乡大学生、志愿者、各类青年组织中的优秀青年,兼任农村基层团干部。

具备条件的,可以通过设置青年事务岗位、聘用青少年事务社会工作者、购买公益性岗位等方式,充实农村团的基层工作力量。

第二十五条 农村基层团组织领导班子应当始终在政治立场、政治方向、政治原则、政治道路上同以习近平同志为核心的党中央保持高度一致，积极服务农村深化改革，促进事业发展，不断增强农村青年的获得感。

农村基层团组织领导班子反映情况、安排工作、决定事项必须实事求是，一切从实际出发，说实话、办实事、求实效；加强农村团的基层组织体系建设，切实把团员组织起来，把青年动员起来，合力推动新时代乡村全面振兴；坚持民主集中制，严肃认真开展批评和自我批评，接受团员青年的监督。

第二十六条 农村团干部应当认真学习党的基本理论、基本路线、基本方略，学习掌握团的业务知识和“三农”政策，熟悉农村情况。各级团组织应当明确团干部的任期目标，注重加强农村基层团干部教育培训，不断提高其能力素质。市级、县级团委每年应当组织对农村基层团组织书记的培训，确保任职培训和任期轮训全覆盖。

县乡两级团委应当组织开展下级团组织书记述职评议，规范团干部年度考核，建立以工作实绩和服务对象认可度为立足点的考核评价和激励机制，做到考用结合、激励有效。

第六章　领导和保障

第二十七条 农业农村农民问题是关系国计民生的根本问题，解决好“三农”问题是全党工作的重中之重，各级团的领导机关特别是县级团委要高度重视团的农村基层建设，主动适应形势发展，大力推进组织和工作创新，加强基层团组织规范化建设，持续整顿软弱涣散团组织。

农村基层团组织建设情况应当作为团的领导机关主要负责人述职考核的重要内容。对团的农村基层组织建设重视不够、落实不力的，应当及时提醒、约谈；出现严重问题的，应当严肃问责追责，督促抓好问题的整改落实。

第二十八条　乡镇团委每年应当定期向乡镇党委和县级团委报告工作。村、社区团组织每年应当定期向村、社区党组织和乡镇团委报告工作。

第二十九条　县级以上团委应当积极推动落实党建带团建机制，推动将农村团建工作纳入党建工作部署和考核，为农村基层团组织开展工作提供必要条件和经费保障；指导推动基层团组织承接有关青少年事务的政府购买服务项目；争取保障村、社区团干部适当的经济待遇。

第三十条　注重培养树立宣传先进典型，对工作有显著成绩的农村团员、团干部、团组织以及青年组织、青年骨干，应当给予表彰表扬。

……

妇女联合会农村基层组织工作条例

（妇字〔2021〕6号）

第一章　总　　则

第一条　为深入贯彻习近平新时代中国特色社会主义思想和习近平总书记关于妇女和妇女工作的重要论述，加强新时代农村妇女工作，根据《中华全国妇女联合会章程》，制定本条例。

第二条　乡镇妇女联合会（以下简称乡镇妇联）和行政村妇女联合会（以下简称村妇联），是妇女联合会在农村的基层组织，是党和政府联系农村妇女群众的桥梁和纽带，是农村基层政权的重要社会支柱。

第三条　妇女联合会农村基层组织高举中国特色社会主义伟大旗帜，以马克思列宁主义、毛泽东思想、邓小平理论、“三个代表”重要思想、科学发展观、习近平新时代中国特色社会主义思想为行动指南，自觉坚持党的全面领导，增强“四个意识”、坚定“四个自信”、做到“两个维护”，坚持和发展马克思主义妇女观，贯彻男女平等基本国策，推动中国妇女、儿童发展纲要的实施，代表和维护妇女合法权益，促进男女平等和妇女全面发展，坚持改革创新，保持和增强政治性、先进性、群众性，团结、引导广大农村妇女坚定不移走中国特色社会主义妇女发展道路，为乡村全面振兴、夺取全面建设社会主义现代化国家新胜利贡献力量。

第二章 组 织

第四条 乡镇妇联、村妇联接受同级党组织和上级妇女联合会双重领导,其他在农村灵活设置的各类妇女组织接受同级党组织和批准其成立的妇女联合会双重领导。

第五条 坚持以党的基层组织建设带动妇女联合会农村基层组织建设,重点是带组织、带队伍、带阵地、带工作、带服务。妇女联合会农村基层组织实行代表联系妇女群众制度。

第六条 乡镇、行政村应当建立妇女联合会。乡镇妇联的领导机构是乡镇妇女代表大会和它所产生的执行委员会,村妇联的领导机构是村妇女大会或妇女代表大会和它所产生的执行委员会。乡镇妇女代表大会、村妇女大会或妇女代表大会每五年举行一次,与同级党组织换届同步进行。乡镇妇女代表大会、行政村年满18周岁的妇女或妇女代表参加的妇女大会或妇女代表大会选举产生执行委员会,执行委员会全体会议选举主席一人、专兼职副主席若干人,负责日常工作。执行委员会全体会议,一般每年举行二次,可根据工作需要随时召开。

第七条 在居住分散的农村山区、牧区,农、林、渔场,非公有制经济组织、专业市场、农民合作社等女性相对集中的地方,根据需要从实际出发灵活设置妇女组织并实行属地化管理。村妇联应向自然村屯、村民小组以及妇女兴趣组织、联谊组织等妇女生产生活最小单元扎根,与网格化管理有效融合,提高本村妇女的组织化程度。对暂不具备建组织条件的,可设立妇女小组,也可通过建设"妇女之家""妇女微家"等阵地拓展组织覆盖。

第八条 成立或撤销乡镇妇联、村妇联,须经上级主管部门同意和同级妇女代表大会、妇女大会通过及同级管理部门审核,报上一级妇女联合会备案。村改社区应当同步调整或者成立妇女联合会。

第三章　职责与任务

第九条　乡镇妇联、村妇联的主要职责：

（一）贯彻执行上级妇女联合会及同级妇女代表大会或妇女大会决议，履行引领服务联系职能。

（二）讨论决定本乡镇或本村妇女工作中的重要问题并及时向乡镇党委或村党组织报告，乡镇妇联应指导所辖村妇联等妇女组织开展妇女工作。

（三）乡镇妇联要加强与本乡镇内机关、企事业单位、经济组织、社会组织等的联系与合作，培育以妇女为主体会员的协会、联谊会和农村经济合作组织等，加强对女性社会组织的政治引领、示范带动、联系服务。

（四）加强乡镇妇联、村妇联自身建设，指导和规范在农村灵活设置的各类妇女组织，建立完善学习培训、工作会议、评比表彰等工作制度，提升妇联干部引领服务联系妇女的能力。

第十条　乡镇妇联、村妇联的主要任务：

（一）组织农村妇女学习习近平新时代中国特色社会主义思想，培育和践行社会主义核心价值观，开展中国特色社会主义和实现中华民族伟大复兴的中国梦宣传教育，爱国主义、集体主义和社会主义教育，党的路线方针政策教育，思想道德和民主法治教育，引导农村妇女感党恩、听党话、跟党走。

（二）教育和引导农村妇女发扬自尊、自信、自立、自强精神，鼓励妇女参与农村新产业新业态发展，提高综合素质，实现全面发展，成为有理想、有道德、有文化、有纪律的时代新女性，在乡村全面振兴中发挥积极作用。

（三）引导农村妇女依法、有序、广泛参与村民自治实践，参与基层社会治理，向党和政府反映妇女群众的意见、建议和要求，建立完善妇女议事会，组织妇女开展议事协商活动，代表妇女参与村务决策，发挥民主参与、民主管理、民主监督作用,推进农村基层民主建设。

（四）维护农村妇女儿童合法权益，宣传、普及有关妇女儿童的法律和法规，引导农村妇女合理表达利益诉求，依法维护自身权益。建立发现报告、联防联动等机制，抵制封建迷信、陈规陋习和违法违规宗教活动，反对邪教。配合有关部门打击性侵、拐卖妇女儿童、嫖娼、卖淫、赌博、吸毒等违法犯罪行为，预防和制止家庭暴力，为权益受侵害的妇女儿童提供帮助，维护社会和谐稳定，推进依法治村。

（五）引导农村妇女发挥培育文明乡风、在弘扬中华民族家庭美德、树立良好家风中的独特作用，加强家庭家教家风建设，开展五好家庭创建、寻找“最美家庭”等活动，普及科技、环境保护、妇幼卫生保健和优生、优育、优教等知识，推进移风易俗，倡导厉行节约、反对浪费。指导和推进家庭教育，倡导文明、健康、科学的生活方式。组织农村妇女参加现代远程教育学习。

（六）深入了解留守流动妇女儿童、困境妇女儿童等特殊群体和家庭的需求，深化关爱帮扶。

（七）协助党组织做好培养、推荐妇女入党积极分子和基层优秀女干部工作，推动村妇联主席进入村“两委”，发挥妇联作为培养输送女干部重要基地的作用。

（八）加强网上妇联建设和线上线下“妇女之家”“妇女微家”等阵地建设，为妇女儿童提供有效服务。

（九）加强妇女联合会农村基层组织建设。

第四章　妇女工作者

第十一条　乡镇妇联主席的基本条件：政治坚定，勤奋学习，忠于职守，作风扎实，遵纪守法，有参政议政和组织协调能力，热爱妇女儿童工作。

第十二条 村妇联主席的基本条件:思想政治素质好、道德品行好、带富能力强、协调能力强,公道正派、廉洁自律,热心为妇女儿童服务。村妇联主席应是村"两委"成员。

第十三条 乡镇妇联主席享受乡镇党政领导副职的政治、生活待遇。村妇联主席享受村干部基本报酬。乡镇妇联、村妇联主席可列席同级党组织有关会议。

第十四条 乡镇妇联和村妇联主席、副主席人选应事先征求上一级妇女联合会的意见,换届情况报上一级妇女联合会备案。

第十五条 加强妇女联合会农村基层干部的教育培训,采取多种形式开展政治理论和业务能力培训,基层妇联主席、副主席、执委任职期间应接受至少一次妇联组织的培训,培养造就高素质的基层妇女工作者队伍。

第十六条 加强妇女代表、妇联执委队伍建设,按功能分工负责,落实基层妇联执委会议事制度、乡镇(村)妇联主席轮值制度等,发挥她们在引领服务联系妇女方面的重要作用。

第十七条 建设巾帼志愿者队伍,发挥社会工作者作用,组织志愿者为妇女儿童和家庭服务。

第五章 领导和保障

第十八条 各级妇联特别是县级妇联应主动加强与乡镇、村党组织的沟通,努力为乡镇、村等基层妇联组织开展工作创造有利条件和环境。

第十九条 各级妇联应满怀热情关心关爱农村基层妇女工作者,政治上激励、工作上支持、生活上关心,宣传表彰先进典型,彰显榜样力量,激励新担当新作为。

对不胜任岗位、不认真履职、造成不良影响的以及无法履职的应及时调整。

第二十条 落实对基层妇联的经费支持和财力保障,按不低于妇女人均一元钱标准划拨的经费重点向基层倾斜,乡镇妇联经费应列入同级财政预算,村妇联工作经费纳入村级组织运转经费统筹解决,并随财政收入的增长或工作需要逐步增加。

第六章 附 则

第二十一条 本条例由中华全国妇女联合会负责解释。

第二十二条 本条例自通过之日起施行。2010 年 1 月 13 日全国妇联十届二次执委会议通过的《妇女联合会农村基层组织工作条例》同时废止。

中央农村工作领导小组办公室、农业农村部关于进一步加强农村宅基地管理的通知

（中农发〔2019〕11 号）

各省、自治区、直辖市和新疆生产建设兵团党委农办,农业农村(农牧)厅(局、委):

宅基地是保障农民安居乐业和农村社会稳定的重要基础。加强宅基地管理,对于保护农民权益、推进美丽乡村建设和实施乡村振兴战略具有十分重要的意义。由于多方面原因,当前农村宅基地管理比较薄弱,一些地方存在超标准占

用宅基地、违法违规买卖宅基地、侵占耕地建设住宅等问题，损害农民合法权益的现象时有发生。按照本轮机构改革和新修订的土地管理法规定，农业农村部门负责宅基地改革和管理有关工作，为切实加强农村宅基地管理，现就有关要求通知如下。

一、切实履行部门职责

农村宅基地管理和改革是党和国家赋予农业农村部门的重要职责，具体承担指导宅基地分配、使用、流转、纠纷仲裁管理和宅基地合理布局、用地标准、违法用地查处，指导闲置宅基地和闲置农房利用等工作。各级农业农村部门要充分认识加强宅基地管理工作的重要意义，在党委政府的统一领导下，主动担当，做好工作衔接，健全机构队伍，落实保障条件，系统谋划工作，创新方式方法，全面履职尽责，保持工作的连续性、稳定性，防止出现弱化宅基地管理的情况。要主动加强与自然资源、住房城乡建设等部门的沟通协调，落实宅基地用地指标，建立国土空间规划、村庄规划、宅基地确权登记颁证、农房建设等资源信息共享机制，做好宅基地审批管理与农房建设、不动产登记等工作的有序衔接。

二、依法落实基层政府属地责任

建立部省指导、市县主导、乡镇主责、村级主体的宅基地管理机制。宅基地管理工作的重心在基层，县乡政府承担属地责任，农业农村部门负责行业管理，具体工作由农村经营管理部门承担。随着农村改革发展的不断深入，基层农村经营管理部门的任务越来越重，不仅承担农村土地承包管理、新型农业经营主体培育、集体经济发展和资产财务管理等常规工作，还肩负着农村土地制度、集体产权制度和经营制度的改革创新等重要职责，本轮机构改革后，又增加了宅基地管理、乡村治理等重要任务。但是，当前基层农村经营管理体系不健全、队伍不稳定、力量不匹配、保障不到位等问题十分突出。这支队伍有没有、强不强直接决定着农村改革能否落实落地和农民合法权益能否得到切实维护。县乡政府要强化组织领导，切实加强基层农村经营管理体系的建设，加大支持力度，充实力量，落实经费，改善条件，确保工作有人干、责任有人负。

按照新修订的土地管理法规定，农村村民住宅用地由乡镇政府审核批准。乡镇政府要因地制宜探索建立宅基地统一管理机制，依托基层农村经营管理部门，统筹协调相关部门宅基地用地审查、乡村建设规划许可、农房建设监管等职责，推行一个窗口对外受理、多部门内部联动运行，建立宅基地和农房乡镇联审联办制度，为农民群众提供便捷高效的服务。要加强对宅基地申请、审批、使用的全程监管，落实宅基地申请审查到场、批准后丈量批放到场、住宅建成后核查到场等“三到场”要求。要开展农村宅基地动态巡查，及时发现和处置涉及宅基地的各类违法行为，防止产生新的违法违规占地现象。要指导村级组织完善宅基地民主管理程序，探索设立村级宅基地协管员。

三、严格落实“一户一宅”规定

宅基地是农村村民用于建造住宅及其附属设施的集体建设用地，包括住房、附属用房和庭院等用地。农村村民一户只能拥有一处宅基地，面积不得超过本省、自治区、直辖市规定的标准。农村村民应严格按照批准面积和建房标准建设住宅，禁止未批先建、超面积占用宅基地。经批准易地建造住宅的，应严格按照“建新拆旧”要求，将原宅基地交还村集体。农村村民出卖、出租、赠与住宅后，再申请宅基地的，不予批准。对历史形成的宅基地面积超标和“一户多宅”等问题，要按照有关政策规定分类进行认定和处置。人均土地少、不能保障一户拥有一处宅基地的地区，县级人民政府在充分尊重农民意愿的基础上，可以采取措施，按照省、自治区、直辖市规定的标准保障农村村民实现户有所居。

四、鼓励节约集约利用宅基地

严格落实土地用途管制，农村村民建住宅应当符合乡(镇)土地利用总体规划、村庄规划。合理安排宅基地用地，严格控制新增宅基地占用农用地，不得占用永久基本农田；涉及占用农用地的，应当依法先行办理农用地转用手续。城镇建设用地规模范围外的村庄，要通过优先安排新增建设用地计划指标、村庄整治、废旧宅基地腾退等多种方式,增加宅基地空间,满足符合宅基地分配条件农户的建房需求。城镇建设用地规模范围内,可以通过建设农民公寓、农民住宅小区等方式,满足农民居住需要。

五、鼓励盘活利用闲置宅基地和闲置住宅

鼓励村集体和农民盘活利用闲置宅基地和闲置住宅,通过自主经营、合作经营、委托经营等方式,依法依规发展农家乐、民宿、乡村旅游等。城镇居民、工商资本等租赁农房居住或开展经营的,要严格遵守合同法的规定,租赁合同的期限不得超过二十年。合同到期后,双方可以另行约定。在尊重农民意愿并符合规划的前提下,鼓励村集体积极稳妥开展闲置宅基地整治,整治出的土地优先用于满足农民新增宅基地需求、村庄建设和乡村产业发展。闲置宅基地盘活利用产生的土地增值收益要全部用于农业农村。在征得宅基地所有权人同意的前提下,鼓励农村村民在本集体经济组织内部向符合宅基地申请条件的农户转让宅基地。各地可探索通过制定宅基地转让示范合同等方式,引导规范转让行为。转让合同生效后,应及时办理宅基地使用权变更手续。对进城落户的农村村民,各地可以多渠道筹集资金,探索通过多种方式鼓励其自愿有偿退出宅基地。

六、依法保护农民合法权益

要充分保障宅基地农户资格权和农民房屋财产权。不得以各种名义违背农民意愿强制流转宅基地和强迫农民"上楼",不得违法收回农户合法取得的宅基地,不得以退出宅基地作为农民进城落户的条件。严格控制整村撤并,规范实施程序,加强监督管理。宅基地是农村村民的基本居住保障,严禁城镇居民到农村购买宅基地,严禁下乡利用农村宅基地建设别墅大院和私人会馆。严禁借流转之名违法违规圈占、买卖宅基地。

七、做好宅基地基础工作

各级农业农村部门要结合国土调查、宅基地使用权确权登记颁证等工作,推动建立农村宅基地统计调查制度,组织开展宅基地和农房利用现状调查,全面摸清宅基地规模、布局和利用情况。逐步建立宅基地基础信息数据库和管理信息系统,推进宅基地申请、审批、流转、退出、违法用地查处等的信息化管理。要加强调查研究,及时研究解决宅基地管理和改革过程中出现的新情况新问题,注意总结基层和农民群众创造的好经验好做法,落实新修订的土地管理法规定,及时修订完善各地宅基地管理办法。要加强组织领导,强化自身建设,加大法律政策培训力度,以工作促体系建队伍,切实做好宅基地管理工作。

中央农村工作领导小组办公室

农业农村部

2019 年 9 月 11 日